职业院校会计手工实操与在线实训系列规划教材

税务会计实训

——手工实操与在线实训

刘彩霞　主编

中国人民大学出版社
·北京·

丛书编委会

丛书序

随着互联网教育技术的发展，借助数字仿真实训提高会计学习者的实际业务操作技能，提高会计专业教学效率和效果，成为十分必要的教学手段。

会计是商业的语言。会计工作有自身特定的流程、工作材料和信息传达工具。传统的书本知识的学习，使学习者具有了一定的专业理论基础、解决问题的思路和相对完整的背景知识。但常见的问题是，学习者离开课堂的初期，往往对工作中的账簿、凭证的处理乃至电算化软件、报税平台、网银平台的操作等具体工作望而生畏。财务人员在单位里承担着重要的责任，他们的任何差池都可能给单位带来实际的经济损失。培养学生“敢操作、会操作、做得好”的会计职业能力，是会计专业教育者义不容辞的责任。

在会计职业教育领域，学科带头人、骨干教师和教育实践针对理论教学与实践教学的一体化开展过各种有益的尝试。多年实践证明，真正的“理实一体化”教学解决方案，需要会计专业教师、数字教育技术人员、会计从业者和课程专家的相互协作，共同开发。

本套教材利用“学问通”在线实训平台，实现了会计专业的仿真教学、仿真实训和仿真操作，为广大师生提供了一套全新、实用的立体化创新教材，实现了学校教学与企业实务工作的无缝对接。

本套教材的创新主要体现在以下三个方面。

1. 课堂学习与企业实务无缝对接

本套教材从企业实际业务出发，采用“实训内容即工作内容，实训过程即工作过程”的编写思路，系统梳理了会计人员应知应会的核心知识与技能，精选企业典型会计业务作为实训业务，借助信息技术将会计工作中常见的单据及账证表全部仿真制作，学生可以在完全模拟企业会计工作场景的情况下进行实训，从而迅速具备会计上岗能力。

2. 理论教学与实训教学互相配套

本套教材涵盖职业院校会计专业的 8 门核心课程，既包括理论课教材，也包括实训课教材，且理论与实训互相对应、互相配套。学生学习完相关的理论，即可进行相应的实训，在巩固理论知识的同时强化实践能力培养。

本套教材的理论课教材包括《基础会计实务》《出纳实务》《财务会计分岗实务》《成本会计实务》《税务会计实务》《纳税实务》《审计实务》等，与之相对应，实训课教材包括《基础会计实训》《出纳实训》《财务会计分岗实训》《成本会计实训》《税务会计实训》《纳税实训》《审计实训》《企业会计全盘账模拟》。

3. 线下实操与线上实训同步进行

本套教材的理论课教材配有相应的在线学习账号，学生可以通过 APP 在线做题、观看资源、与教师进行课堂互动。实训课教材除全部使用仿真单据外，还配备相应的账证表，以便进行全仿真实训，同时配有在线实训账号，可以反复练习，实时比对答案。

纸质教材与在线平台的相互结合，既可以帮助学生进行线下的手工实操，强化会计技能训练；又可以充分发挥互联网的优势，增强教学互动、拓展课程资源种类，进行线上的反复实训，及时统计实训结果，提升教学效果。

本套教材的出版倾注了编写团队、课程开发团队的大量心血，衷心希望我们的创新能为我国会计职业教育的发展以及会计人才的培养做出贡献。

2017 年 6 月

前 言

“税务会计”课程是财税类专业的核心课程，也是其他经管类专业的必修课程或选修课程。随着会计不断向管理方向发展，对会计人员的涉税会计处理、纳税申报、税收风险管理、纳税筹划等都提出了新的要求。随着“互联网＋”时代的到来，为了将传统纸质教材与现代化数字资源有效结合，作者汲取新形态“一体化”教材的设计理念，编写了《税务会计实训》教材。本教材具有以下几个方面的特点。

1. 融合性

本教材结构新颖，致力于实现“手工＋信息化”的双重目标。纸质教材采用“项目—任务式”编写思路，设计了各税种核算与申报的典型实训任务，同时配备彩色仿真单据，帮助学生获得真实的业务操作体验。另外，我们充分发挥互联网的作用，开发了与纸质教材相配套的在线实训及相关教学资源，包括涉税业务单据填写、涉税记账凭证填制、纳税申报表编制、重难点解析微课等。通过本书提供的序列号，学员可以登录“学问通”平台，添加“税务会计实训”课程，进行反复多次练习，以达到熟能生巧、举一反三的效果。

2. 职业性

本教材以学生日后需要具备的税务会计技能为核心，紧密结合税务会计工作实际，着重训练学生掌握相应的技能，提升从业能力。

3. 及时性

2016 年 5 月 1 日，我国全面实施“营改增”，财政部于 2016 年 12 月颁布《增值税会计处理规定》，要求税务会计要及时跟进税法的变化及会计处理的变化。另外，资源税、个人所得税、企业所得税等也有相应的变化。本教材涉及的实训业务以最新的会计法规和政策为依据，以防范因政策变动而带来的各种税务风险，帮助学生准确理解税法、使用税法，正确处理各种涉税会计事项。

4. 规范性

本教材基于税务会计工作领域设计实训业务，以不同税种会计为项目，通过一系列相对独立、分层递进的业务实训，有利于养成学习者税务会计方面的风险意识，提升职业判断与分析能力，为学习者的职业成长奠定扎实的基础。

本教材可作为高等职业学院、高等学校财经类专业的实训教学用书，也可作为成人高等学校、企业财务人员、税务工作人员培训或自学用书。本书第一次印刷于 2017 年 8 月；本次重印，编者按照最新税率对书中内容进行了修订，以 2020 年 1 月前颁布实施的我国税收法律、法规及最新企业会计准则为依据进行编写。

本教材编写过程中，得到了湖北财税职业学院财税系税务专业的同事大力支持。由于编者水平有限，书中不妥之处在所难免，恳请读者在使用教材过程中提出宝贵意见，以便修订时改进。联系邮箱：lcxwdd@126. com。

编　者

2020 年 7 月

目　录

项目1

税务会计工作流程认知

任务1.1　税务登记

【基本资料】

1. 企业基本概况

企业名称：武汉秋华机械有限责任公司

企业性质：有限责任公司

企业法定代表人：李龙

企业地址及电话：武汉市武昌区黄鹤楼街888＃　027-87390827

开户银行及账号：工商银行紫阳支行，6210202000202456666

企业办税员：刘晓云，居民身份证号：420123199808082121，联系方式：13900000123

该公司注册资本2 000万元人民币，经营范围有工业与民用建筑机械制造、设计、装配，公司恪守“信守承诺、保证质量、服务一流、用户至上”的质量方针。

2. 营业执照

企业按照新的“五证合一”办证模式，采取“一表申请、一窗受理、并联审批、一照一码”的流程，取得营业执照（见图1－1），统一社会信用代码：91420106300356727C。

【工作任务】

企业办理营业执照后，在首次办理涉税事项时，对于应向税务机关提交的资料，填写是否需要原件、复印件，份数是多少，见表1－1。

表1－1　　涉税事项所需资料

序号	资料名称	原件	复印件	份数	备注
1	加载统一社会信用代码的营业执照				原件核对后退还
2	有关合同、章程、协议书				—
3	法定代表人（负责人）居民身份证、护照或其他证明身份的合法证件				原件核对后退还

营业执照

统一社会信用代码 91420106300356727C

名　　称　武汉秋华机械有限责任公司

类　　型　有限责任公司

住　　所　武汉市武昌区黄鹤楼街888# 027-87390837

法定代表人　李龙

注册资本　人民币贰仟万元整

成立日期　2005年05月01日

营业期限　2005年05月01日至2035年04月30日

经营范围　商事主体的经营范围、经营场所、投资产信息、年报信息和监管信息等请至武昌商事主体登记及信用信息公示平台查询。经营范围中涉及许可审批经营项目的，应在取得有关部门的许可后方可经营。

登记机关　武汉市工商行政管理局武昌分局

2018年05月01日

企业信用信息公示系统网址：

中华人民共和国国家工商行政管理总局监制

图 1-1　营业执照

任务 1.2　发票票种核定

【基本资料】

1. 见任务一；

2. 企业通过办税服务厅登记为增值税一般纳税人，拟申请增值税专用发票，增值税普通发票，单次（月）领用数量各 30 份，最高开票限额 10 万元。领票方式为验旧购新。

【工作任务】

填写《纳税人领用发票票种核定表》（见表 1－2）、《增值税专用发票最高开票限额申请单》（见表 1－3）。

表 1－2　　纳税人领用发票票种核定表

<table>
<tr><td colspan="2">纳税人识别号</td><td colspan="6"></td></tr>
<tr><td colspan="2">纳税人名称</td><td colspan="6"></td></tr>
<tr><td colspan="2">领票人</td><td colspan="2">联系电话</td><td colspan="2">身份证件类型</td><td colspan="2">身份证件号码</td></tr>
<tr><td colspan="2"></td><td colspan="2"></td><td colspan="2"></td><td colspan="2"></td></tr>
<tr><td colspan="2"></td><td colspan="2"></td><td colspan="2"></td><td colspan="2"></td></tr>
<tr><td>发票种类名称</td><td>发票票种核定操作类型</td><td>单位（数量）</td><td>每月最高领票数量</td><td>每次最高领票数量</td><td>持票最高数量</td><td>定额发票累计领票金额</td><td>领票方式</td></tr>
<tr><td></td><td></td><td></td><td></td><td></td><td></td><td></td><td></td></tr>
<tr><td></td><td></td><td></td><td></td><td></td><td></td><td></td><td></td></tr>
<tr><td></td><td></td><td></td><td></td><td></td><td></td><td></td><td></td></tr>
<tr><td></td><td></td><td></td><td></td><td></td><td></td><td></td><td></td></tr>
<tr><td></td><td></td><td></td><td></td><td></td><td></td><td></td><td></td></tr>
<tr><td></td><td></td><td></td><td></td><td></td><td></td><td></td><td></td></tr>
<tr><td colspan="8">纳税人（签章）

经办人：　　　法定代表人（业主、负责人）：　　　填表日期：　　　年　月　日</td></tr>
<tr><td colspan="8">发票专用章印模：</td></tr>
</table>

表 1-3　　增值税专用发票最高开票限额申请单

<table>
<tr><td rowspan="8">申请事项（由纳税人填写）</td><td>纳税人名称</td><td></td><td>纳税人识别号</td><td></td></tr>
<tr><td>地　址</td><td></td><td>联系电话</td><td></td></tr>
<tr><td>购票人信息</td><td colspan="3"></td></tr>
<tr><td rowspan="2">申请增值税专用发票（增值税税控系统）最高开票限额</td><td colspan="3">□初次　□变更　（请选择一个项目并在□内打“√”）</td></tr>
<tr><td colspan="3">□一亿元　□一千万元　□一百万元
□十万元　□一万元　□一千元
（请选择一个项目并在□内打“√”）</td></tr>
<tr><td rowspan="2">申请货物运输业增值税专用发票（增值税税控系统）最高开票限额</td><td colspan="3">□初次　□变更　（请选择一个项目并在□内打“√”）</td></tr>
<tr><td colspan="3">□一亿元　□一千万元　□一百万元
□十万元　□一万元　□一千元
（请选择一个项目并在□内打“√”）</td></tr>
<tr><td colspan="4">申请理由：

经办人（签字）：　　　　纳税人（印章）：
年　月　日　　　　年　月　日</td></tr>
<tr><td rowspan="4">区县税务机关意见</td><td colspan="2">发票种类</td><td colspan="2">批准最高开票限额</td></tr>
<tr><td colspan="2">增值税专用发票（增值税税控系统）</td><td colspan="2"></td></tr>
<tr><td colspan="2">货物运输业增值税专用发票（增值税税控系统）</td><td colspan="2"></td></tr>
<tr><td colspan="4">经办人（签字）：　　批准人（签字）：　　税务机关（印章）：
年　月　日　　年　月　日　　年　月　日</td></tr>
</table>

注：本申请表一式两联：第一联由申请纳税人留存；第二联由区县税务机关留存。

项目 2

增值税会计

任务 2.1　工业制造企业一般纳税人增值税会计核算

【业务 1】　武汉秋华机械有限责任公司 2020 年 5 月 13 日支付武汉市自来水公司水费 2 180 元，取得防伪税控系统开具的增值税专用发票，发票上注明的价款为 2 000 元，增值税税额为 180 元。增值税发票均已勾选确认。水费 80%用于生产车间、20%厂部使用。水费分配表见表 2-1。请作出该业务的会计处理。

表 2-1　　**水费分配表**

2020 年 5 月 13 日

部门	分配率	分配额（元）
生产车间	0.8	1 600
厂部	0.2	400
合计	1	2 000

提示：见税务会计实训单据簿（以下简称“单据簿”）第 1 页的增值税专用发票（抵扣联）（单据 2-1-1-1）、增值税专用发票（发票联）（单据 2-1-1-2）、转账支票存根（单据 2-1-1-3）。

【业务 2】　武汉秋华机械有限责任公司 2020 年 5 月 13 日支付武汉市供电公司电费 5 650 元，防伪税控系统开具的增值税专用发票上注明的价款为 5 000 元，增值税税额为 650 元。增值税发票尚未勾选确认。电费 80%用于生产车间、20%厂部使用。电费分配表见表 2-2。请作出该业务的会计处理。

表 2-2　　**电费分配表**

2020 年 5 月 13 日

部门	分配率	分配额（元）
生产车间	0.8	4 000
厂部	0.2	1 000
合计	1	5 000

提示：见单据簿第2页的增值税专用发票（抵扣联）（单据2-1-2-1）、增值税专用发票（发票联）（单据2-1-2-2）、转账支票存根（单据2-1-2-3）。

【业务3】 武汉秋华机械有限责任公司2020年5月14日购入原材料齿轮齿条一批，取得防伪税控系统开具的增值税专用发票，尚未通过增值税发票选择确认平台选择用于抵扣，增值税专用发票上注明的原料价款为40万元，增值税税额为5.2万元；开出一张3个月到期的商业汇票支付货款，材料已到并验收入库。

提示：见单据簿第3～4页的增值税专用发票（抵扣联）（单据2-1-3-1）、增值税专用发票（发票联）（单据2-1-3-2）、商业承兑汇票（单据2-1-3-3）、入库单（单据2-1-3-4）。

【业务4】 武汉秋华机械有限责任公司2020年4月15日向大华钢铁有限公司购入原材料C422圆钢收到增值税专用发票，尚未认证抵扣，于5月31日通过增值税发票选择确认平台勾选确认抵扣。

提示：见单据簿第5页的增值税专用发票（抵扣联）（单据2-1-4-1）。

【业务5】 武汉秋华机械有限责任公司2020年4月30日购进螺纹环一批，增值税已申报抵扣。5月16日因上述材料存在质量问题退回一部分，取得当地主管税务机关开具的"红字增值税专用发票通知单"送交销货方，退回价款2 000元，增值税税额260元，已收到对方开具的红字增值税专用发票。请作出该业务的会计处理。

提示：见单据簿第5～6页的红字增值税专用发票（抵扣联）（单据2-1-5-1）、红字增值税专用发票（发票联）（单据2-1-5-2）、银行进账单（收账通知）（单据2-1-5-3）、出库单（单据2-1-5-4）。

【业务6】 武汉秋华机械有限责任公司接受武汉华明钢铁有限责任公司以100吨铬钼钢板投资入股本公司，取得防伪税控系统开具的增值税专用发票，注明双方确认的价格为1 200 000元，增值税税额为156 000元，增值税专用发票已勾选确认。该项投资占该公司5%的股份，该公司注册资本为2 000万元。投资协议见图2-1。请作出该业务的会计处理。

提示：见单据簿第7页的增值税专用发票（抵扣联）（单据2-1-6-1）、增值税专用发票（发票联）（单据2-1-6-2）、入库单（单据2-1-6-3）。

【业务7】 武汉秋华机械有限责任公司2020年5月21日与采莲村农业合作社结算5月份购进的农产品50 000元，采莲村农业合作社开具销售发票。

提示：见单据簿第8页的增值税普通发票（发票联）（单据2-1-7-1）、现金支票存根（单据2-1-7-2）。

【业务8】 武汉秋华机械有限责任公司的基本生产车间委托武汉明昌机器修理厂修理设备，取得增值税专用发票上注明的修理费为5 000元，增值税税额为650

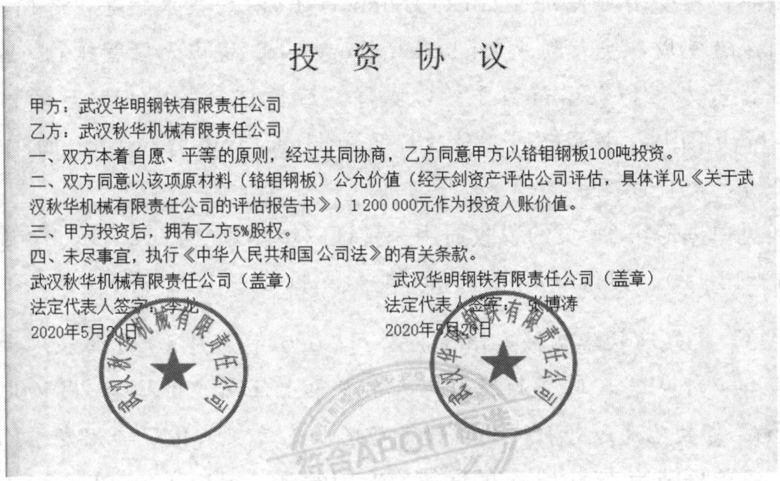

投 资 协 议

甲方：武汉华明钢铁有限责任公司
乙方：武汉秋华机械有限责任公司
一、双方本着自愿、平等的原则，经过共同协商，乙方同意甲方以铬钼钢板100吨投资。
二、双方同意以该项原材料（铬钼钢板）公允价值（经天剑资产评估公司评估，具体详见《关于武汉秋华机械有限责任公司的评估报告书》）1 200 000元作为投资入账价值。
三、甲方投资后，拥有乙方5%股权。
四、未尽事宜，执行《中华人民共和国公司法》的有关条款。

武汉秋华机械有限责任公司（盖章）
法定代表人签字：李龙
2020年5月20日

武汉华明钢铁有限责任公司（盖章）
法定代表人签字：张博涛
2020年5月20日

图 2-1 投资协议

元，以银行存款支付。增值税专用发票已勾选确认。

提示：见单据簿第 8～9 页的增值税专用发票（抵扣联）（单据 2-1-8-1）、增值税专用发票（发票联）（单据 2-1-8-2）、转账支票存根（单据 2-1-8-3）。

【业务 9】 武汉秋华机械有限责任公司委托武汉豪江装修装饰工程有限公司装修研发部办公室，取得增值税专用发票上注明的修理费为 50 000 元，增值税税额为 4 500 元，以银行存款支付。增值税专用发票已勾选确认。

提示：见单据簿第 9～10 页的增值税专用发票（抵扣联）（单据 2-1-9-1）、增值税专用发票（发票联）（单据 2-1-9-2）、现金支票存根（单据 2-1-9-3）。

【业务 10】 武汉秋华机械有限责任公司业务员李欢欢报销差旅费，结清原备用金借款 5 000 元，涉及的增值税专用发票已经勾选确认。

提示：见单据簿第 10～12 页的增值税专用发票（抵扣联）（单据 2-1-10-1）、增值税专用发票（发票联）（单据 2-1-10-2）、差旅费报销单（单据 2-1-10-3）、航空运输电子客票行程单（单据 2-1-10-4 和单据 2-1-10-5）。

【业务 11】 武汉秋华机械有限责任公司从国外进口设备（焊装机器人）一件，款项尚未支付。海关核定的关税完税价格为 300 000 元，应缴纳的进口关税为 30 000 元，从海关取得的海关进口增值税专用缴款书上注明的增值税税额为 42 900 元，款项以银行存款支付。设备已验收，移交车间使用。请作出该业务的会计处理。

提示：见单据簿第 12～13 页的海关进口关税专用缴款书（单据 2-1-11-1）、海关代征增值税专用缴款书（单据 2-1-11-2）、转账支票存根（单据 2-1-11-3）、固定资产交接（验收）单（单据 2-1-11-4）。

【业务 12】 2020 年 5 月，武汉秋华机械有限责任公司在进行传输带系统技术改造的过程中，接受了澳大利亚 Hicks Butchery Ltd. 的技术指导，合同总价为 106 万元。当月改造完成，澳大利亚 Hicks Butchery Ltd. 境内无经营机构，武汉秋华机械有限责任公司办理扣缴增值税手续，取得完税凭证，并将扣税后的价款支付给 Hicks Butchery Ltd.。书面合同、付款证明和 Hicks Butchery Ltd. 的对账单齐全。请作出该业务的会计处理。

提示：见单据簿第 14 页的税收通用完税证（单据 2－1－12－1）、转账支票存根（单据 2－1－12－2）、银行电汇凭证（回单）（单据 2－1－12－3）。

【业务 13】 武汉秋华机械有限责任公司 2020 年 5 月 10 日向长江设备公司购进生产用设备 F91 一台，取得的增值税专用发票上注明的价格为 200 000 元，税款为 26 000 元。货款已通过银行支付，设备已验收入库。增值税专用发票已经认证。

提示：见单据簿第 15～16 页的增值税专用发票（抵扣联）（单据 2－1－13－1）、增值税专用发票（发票联）（单据 2－1－13－2）、转账支票存根（单据 2－1－13－3）、固定资产验收单（单据 2－1－13－4）。

【业务 14】 武汉秋华机械有限责任公司 2020 年 5 月 5 日向黄海房产公司购进办公大楼永华大厦，该大楼用于公司办公经营，计入固定资产，并于次月开始计提折旧。5 月 20 日，该纳税人取得该大楼增值税专用发票并勾选确认，专用发票注明价款 10 000 万元，税额 1 000 万元。价款转账付讫。

提示：见单据簿第 16～17 页的增值税专用发票（抵扣联）（单据 2－1－14－1）、增值税专用发票（发票联）（单据 2－1－14－2）、转账支票存根（单据 2－1－14－3）、固定资产验收单（单据 2－1－14－4）。

【业务 15】 2020 年 5 月 30 日，武汉秋华机械有限责任公司将一批原材料螺纹钢用于仓库建造工程。该螺纹钢 2 月 1 日购进用于生产，取得增值税专用发票，发票上注明不含税金额为 1 000 万元，税款为 130 万元。企业在 2 月份已申报扣除。

提示：见单据簿第 18 页的出库单（单据 2－1－15－1）、增值税专用发票（抵扣联）（单据 2－1－15－2）、增值税专用发票（发票联）（单据 2－1－15－3）。

【业务 16】 2018 年 5 月 1 日，武汉秋华机械有限责任公司向黄海房产公司购买写字楼办公用，价款为 1 200 万元，进项税额为 108 万元，已申报抵扣。可是 2020 年 5 月，武汉秋华机械有限责任公司就将办公楼改造成员工食堂。

提示：见单据簿第 19 页的增值税专用发票（抵扣联）（单据 2－1－16－1）、增值税专用发票（发票联）（单据 2－1－16－2）、固定资产调拨单（单据 2－1－16－3）。

【业务 17】 2020 年 5 月，武汉秋华机械有限责任公司向武汉航天信息股份有限公司首次购入增值税税控系统设备，支付价款 200 元，同时支付当年增值税税控系统专用设备技术维护费 280 元。当月两项合计抵减当月增值税应纳税额 480 元。

提示：见单据簿第20～21页的增值税专用发票（抵扣联）（单据2－1－17－1）、增值税专用发票（发票联）（单据2－1－17－2）、增值税专用发票（抵扣联）（单据2－1－17－3）、增值税专用发票（发票联）（单据2－1－17－4）、转账支票存根（单据2－1－17－5）。

【业务18】 武汉秋华机械有限责任公司2020年5月向湖北天发成品油加工厂购进1吨成品油，取得的防伪税控系统开具的增值税专用发票上注明的材料价款为80 000元，增值税税额为10 400元。增值税专用发票已勾选确认。

提示：见单据簿第22～23页的增值税专用发票（抵扣联）（单据2－1－18－1）、增值税专用发票（发票联）（单据2－1－18－2）、转账支票存根（单据2－1－18－3）、入库单（单据2－1－18－4）。

【业务19】 接业务18，5月31日将其中的0.2吨用于职工交通车辆。

提示：见单据簿第22～23页的增值税专用发票（抵扣联）（单据2－1－18－1）、出库单（单据2－1－19－1）。

【业务20】 汉秋华机械有限责任公司当月销售给湖北大发加工厂产品BW01机床一台，开具的增值税专用发票上注明的货款为750 000元，增值税税额为120 000元，另外开出支票代垫运费1 800元，款项未收。

提示：见单据簿第24页的增值税专用发票（记账联）（单据2－1－20－1）、现金支票存根（单据2－1－20－2）。

【业务21】 武汉秋华机械有限责任公司2020年5月份用托收承付结算方式向异地大雨公司销售货物BW02机床一台，货款为30 000元，增值税税额为3 900元，另支付运费2 180元，取得增值税专用发票。托收手续已办理完毕。

提示：见单据簿第24～26页的增值税专用发票（记账联）（单据2－1－21－1）、托收凭证（受理回单）（单据2－1－21－2）、增值税专用发票（抵扣联）（单据2－1－21－3）、增值税专用发票（发票联）（单据2－1－21－4）、现金支票存根（单据2－1－21－5）。

【业务22】 武汉秋华机械有限责任公司于2020年5月5日采用分期收款方式向新源有限责任公司销售SUPERBW机床一台，合同价格为1 000万元，分5年于每年年末平均收取。假定该大型设备不采用分期收款方式时的销售价格为800万元，该设备的成本为600万元。分期收款销售合同见图2－2。请作出该业务的会计处理。

提示：见单据簿第26页的出库单（单据2－1－22－1）。

【业务23】 接业务22，2020年12月31日，武汉秋华机械有限责任公司收到第一期货款2 260 000万元。

提示：见单据簿第27页的增值税专用发票（记账联）（单据2－1－23－1）、银行进账单（收账通知）（单据2－1－23－2）。

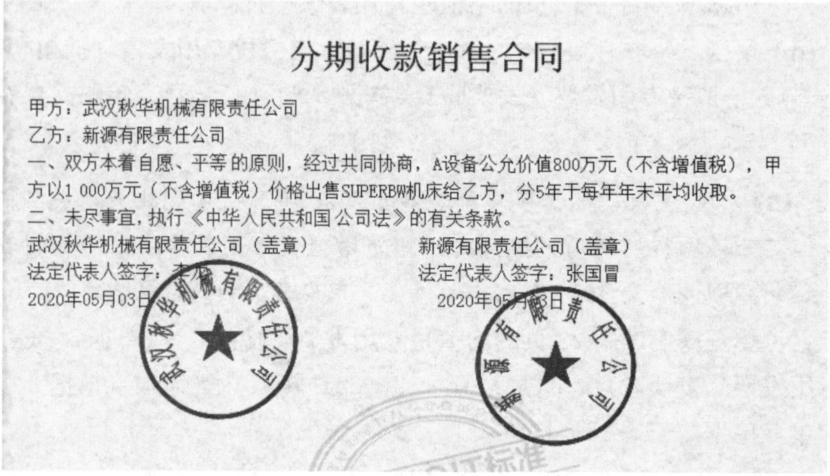

分期收款销售合同

甲方：武汉秋华机械有限责任公司
乙方：新源有限责任公司
一、双方本着自愿、平等的原则，经过共同协商，A设备公允价值800万元（不含增值税），甲方以1 000万元（不含增值税）价格出售SUPERBW机床给乙方，分5年于每年年末平均收取。
二、未尽事宜，执行《中华人民共和国公司法》的有关条款。

武汉秋华机械有限责任公司（盖章）
法定代表人签字：李[illegible]
2020年05月03日

新源有限责任公司（盖章）
法定代表人签字：张国冒
2020年05月03日

图 2-2　分期收款销售合同

【业务 24】　武汉秋华机械有限责任公司 2020 年 5 月销售给武汉大明有限公司 BW03 机床一台，增值税专用发票注明销售额 60 000 元，增值税税额 7 800 元，货款已支付，双方均已作账务处理。由于质量原因，双方协商折让 30%，6 月收到大明有限公司转来的当地主管税务机关开具的开具红字增值税专用发票通知单。

提示：见单据簿第 27～28 页的红字增值税专用发票（记账联）（单据 2-1-24-1）、转账支票存根（单据 2-1-24-2）。

【业务 25】　武汉秋华机械有限责任公司于 2020 年 5 月向武汉大明有限公司转让 2008 年购入的生产设备 AW 数码机床，原价为 1 000 000 元，累计已计提折旧 980 000 元，取得变价收入 206 000 元，款项已收到。假定 B 企业未计提减值准备，不考虑其他相关税费。请作出该业务的会计处理。

提示：见单据簿第 28～29 页的增值税普通发票（记账联）（单据 2-1-25-1）、银行进账单（收账通知）（单据 2-1-25-2）、固定资产清理审批单（单据 2-1-25-3）。

【业务 26】　武汉秋华机械有限责任公司 2020 年 5 月份将自产的不锈钢餐具一批作为促销品赠送给客户大华公司，该批产品无同类产品的销售价格，已知该批产品实际成本为 12 000 元，成本利润率为 10%。请作出该业务的会计处理。

提示：见单据簿第 29 页的出库单（单据 2-1-26-1）、纪念品出库审批单（单据 2-1-26-2）。

【业务 27】　武汉秋华机械有限责任公司 2020 年 5 月外购货物，发生允许抵扣的进项税额合计 200 000 元，本月初“应交税费——应交增值税”明细账户借方余额为 30 000 元，本月对外销售货物，取得销项税额合计为 310 000 元（见表 2-3）。请作出该业务的会计处理。

表2-3　　应交税费——应交增值税明细账　　单位：元

2020年		摘要	借方		贷方		借或贷	余额
月	日		合计	进项税额	合计	销项税额		
5	1	期初余额					借	30 000
5	15	外购货物	200 000	200 000			借	230 000
5	20	销售货物			310 000	310 000	贷	80 000

【业务28】　接业务27，武汉秋华机械有限责任公司2020年6月缴纳增值税80 000元。

提示：见单据簿第30页的税收缴款书（税务收现专用）（单据2-1-28-1）。

【业务29】　假设2020年5月份武汉秋华机械有限责任公司子公司武汉秋华机械设计有限责任公司符合增值税的加计抵减政策，4月份销项税额31万元，进项税额10万元，全部属于允许抵扣的进项税额。2020年5月缴纳4月份增值税200 000元。请作出该业务的会计处理。

提示：见单据簿第30页的税收缴款书（税务收现专用）（单据2-1-29-1）。

任务2.2　工业制造企业小规模纳税人增值税会计核算

【业务1】　2020年6月10日，武汉秋华机械有限责任公司销售BW01机床给武汉红星有限公司，含税价为103 000元。

提示：见单据簿第31页的增值税普通发票（记账联）（单据2-2-1-1）、银行进账单（收账通知）（单据2-2-1-2）、出库单（单据2-2-1-3）。

【业务2】　2020年6月10日，武汉秋华机械有限责任公司从红美物料有限公司购进材料铬钼钢板一批，含税价为113 000元。

提示：见单据簿第32～33页的增值税专用发票（抵扣联）（单据2-2-2-1）、增值税专用发票（发票联）（单据2-2-2-2）、转账支票存根（单据2-2-2-3）、入库单（单据2-2-2-4）。

【业务3】　武汉秋华机械有限责任公司2020年6月首次购入增值税税控系统设备，支付价款200元，同时支付当年增值税税控系统专用设备技术维护费280元。当月两项合计抵减当月增值税应纳税额480元。

提示：见单据簿第33～34页的增值税专用发票（抵扣联）（单据2-2-3-1）、增值税专用发票（发票联）（单据2-2-3-2）、增值税专用发票（抵扣联）（单据2-2-3-3）、增值税专用发票（发票联）（单据2-2-3-4）、转账支票存根（单据2-2-3-5）。

【业务4】　武汉秋华机械有限责任公司2020年7月上缴第二季度增值税19 000元。

提示：见单据簿第35页的税收缴款书（税务收现专用）（单据2-2-4-1）。

【业务5】 假设武汉秋华机械有限责任公司2020年7月应上缴第二季度增值税5 000元。该公司季销售额未超过30万元的，可享受小规模纳税人增值税免税政策。（增值税纳税申报表略）

任务2.3 建安企业增值税会计核算

【业务1】 2020年1月武汉大华建安有限公司（会计主体）承包了山西中信天诚有限公司一个合同值为1 000万元的工程项目，并把其中300万元的部分项目分包给具有相应资质的分包人武汉长江建安有限公司，工程完工后，该工程项目最终结算值为1 000万元。由于山西中信天诚有限公司供材，武汉大华建安有限公司、武汉长江建安有限公司均采取简易计税。2020年8月武汉大华建安有限公司完成工程累计发生合同成本500万元，均为人工成本。建安合同、劳务分包合同、工程结算单分别见图2-3、图2-4、图2-5，应付工资费用分配汇总表见表2-4。请作出该业务的会计处理。

建安合同

发包方(甲方):山西中信天诚有限公司

承包方(乙方):武汉大华建安有限公司

兹有乙方现承包甲方发包的工程，根据有关法律、法规的规定，结合本工程的具体情况，甲、乙双方在平等、自愿的基础上协商一致，达成如下条款，并共同遵守执行。

一、工程概况：

1.工程名称:兰花苑建安工程

2.工程地点:陕西省太原市迎宾大道888号

3.承包内容:兰花苑1-9号楼

4.承包范围:主体工程，地下建筑

5.承包方式:甲供材

6.质量要求:GB50210-2001《建筑装饰装修工程质量验收规范》

7.工期要求：2020年01月01日至2022年12月31日。

…………

六、关于价款和结算的约定：

1、双方商定本工程合同承包价格10 000 000.00元(人民币)。

2、本承包价格包含人工费、机械费、进退场、垃圾清运、材料及运费等。

3、付款方式：a.开工后8日内，甲方付款30% 作为乙方的前期进场费。b.水电工程隐蔽验收后，甲方付款30%。c.瓦工及木基层、木饰面验收后、漆工进场时，甲方付款15%。d.竣工验收合格后，甲方付款20%。e.余款5%待壹年保修期满后结清。

…………

本合同一式两份，甲、乙双方各执一份，自签订之日起生效，履行完毕后即终止。其中未尽事宜，双方友好协商解决。

甲方:山西中信天诚有限公司　　乙方:武汉大华建安有限公司

代表签字：周涛　　代表签字：林雨欣

2020年01月01日　　2020年01月01日

（山西中信天诚有限公司 合同专用章）　　（武汉大华建安有限公司 合同专用章）

图2-3 建安合同

劳务分包合同

甲方（发包单位）：武汉大华建安有限公司

乙方（承包单位）：武汉长江建安有限公司

根据《中华人民共和国合同法》《中华人民共和国建筑法》及其他有关法律、法规，遵循平等、自愿、公平和诚实信用原则，双方就建设工程劳务作业合作事项协商一致，签订本劳务作业分包合同，双方共同遵照执行。

一、 工程名称：兰花苑建安工程

二、工程地点：山西省太原市迎宾大道888号

三、工程内容、性质及数量：兰花苑1-9号楼

四、工程工期：2020年1月1日至2020年12月31日

五、工程质量要求：GB50210-2001《建筑装饰装修工程质量验收规范》

六、工程造价：3 000 000.00元

七、工程承包方式及取费标准：甲供材

八、工程价款的拨付及结算方式：工程完工时一次性支付

…………

二十、本合同未尽事宜，甲、乙双方可协商另订补充协议。本合同正本壹式叁份，双方各执壹份，另壹份报工程所在地建设工程交易中心劳务作业分中心登记备案。本合同副本4份，甲方执2份，乙方执2份。

甲方：武汉大华建安有限公司　　　　乙方：武汉长江建安有限公司

法定代表人：林雨欣　　　　法定代表人：李江

2020年01月01日　　　　2020年01月01日

合同专用章　　　　合同专用章

图 2－4　劳务分包合同

工程结算单

甲 方： 山西中信天诚有限公司

乙 方： 武汉大华建安有限公司

项 目：兰花苑建安工程

金 额：5 000 000.00元

备 注

1. 工程合同总价 10 000 000.00元。
2. 变更增加项目0元。
3. 变更减少项目0元。
4. 工程结算总额 5 000 000.00元。
5. 甲方已付金额0元。
6. 甲方结算应付金额 5 000 000.00元。

甲方代表(签字盖章)：张浩　　　　乙方代表(签字盖章)：刘威

2020年08月01日　　　　2020年08月01日

图 2－5　工程结算单

表 2-4　　　　应付工资费用分配汇总表

2019 年 8 月 1 日　　　　单位：元

部门	工资总额	公积金	医疗保险	养老保险	失业保险	合计
管理部门	123 000	1 840	460	1 840	145.8	127 285.8
生产工人	4 600 000	100 000	100 000	100 000	100 000	5 000 000

【业务 2】 2020 年 8 月，武汉大华建安有限公司收到总承包款 1 000 万元。

提示：见单据簿第 35～36 页的增值税普通发票（记账联）（单据 2-3-2-1）、银行进账单（收账通知）（单据 2-3-2-2）。

【业务 3】 2020 年 8 月 5 日，武汉大华建安有限公司收到长江建安有限公司（分包方）开出的合规增值税扣税凭证，结算 300 万元。

提示：见单据簿第 36 页的转账支票存根（单据 2-3-3-1）、增值税普通发票（发票联）（单据 2-3-3-2）。

【业务 4】 2020 年 8 月 10 日，武汉大华建安有限公司向项目所在地山西省太原市小店区税务局预缴税款。

提示：见单据簿第 37 页的税收缴款书（税务收现专用）（单据 2-3-4-1）。

【业务 5】 2020 年 8 月 31 日，武汉大华建安有限公司确认该项目收入与费用。

提示：见单据簿第 37 页的工程施工明细账（单据 2-3-5-1）。

任务 2.4　房地产企业增值税会计核算

【业务 1】 2017 年 5 月 10 日，瑞安达房地产有限公司于通过“招、拍、挂”取得洪山区一地块，土地价款为 10 900 万元，用于开发“瑞安达花园”，总建筑面积 4 万平方米。

提示：见单据簿第 38 页的政府非税收入专用票据（单据 2-4-1-1）、转账支票存根（单据 2-4-1-2）。

【业务 2】 2018 年 8 月 1 日，瑞安达房地产有限公司支付武汉中南设计院设计费 530 万元。取得增值税专用发票金额 500 万元，税额 30 万元。

提示：见单据簿第 38～39 页的增值税专用发票（抵扣联）（单据 2-4-2-1）、增值税专用发票（发票联）（单据 2-4-2-2）、转账支票存根（单据 2-4-2-3）。

【业务 3】 2018 年 9 月 1 日，瑞安达房地产有限公司从宝钢股份有限公司武昌分公司购买钢筋 4 000 万元全部用于开发项目，取得增值税专用发票，税额 640 万元。货款未付。

提示： 见单据簿第39～40页的增值税专用发票（抵扣联）（单据2-4-3-1）、增值税专用发票（发票联）（单据2-4-3-2）。

【业务4】 2019年8月1日，“瑞安达花园”取得预售许可证，当月全部售罄，取得预收账款52 320万元。销售状况统计表见表2-5。请作出该笔业务的会计处理。

表2-5 销售状况统计表——瑞安达花园

房号	购房单位名称	建筑面积（平方米）	单价（元/平方米）	总房款（元）
201	张国义	113.01	11 235	1 269 667.35
202	王金保	113.01	11 114	1 255 993.14
301	刘小保	113.01	11 266	1 273 170.66
…	…	…	…	…
合　计		40 000		523 200 000.00
财务负责人：				

提示： 见单据簿第40页的银行进账单（收账通知）（单据2-4-4-1）。

【业务5】 瑞安达房地产有限公司2020年8月预缴增值税。

提示： 见单据簿第40页的税收缴款书（税务收现专用）（单据2-4-5-1）。

【业务6】 2019年12月17日，工程竣工。瑞安达房地产有限公司收到阳光建筑安装股份公司增值税专用发票金额14 000万元，增值税额1 260万元，留10%质保金，余款支付给阳光建筑安装股份公司。

提示： 见单据簿第41～42页的增值税专用发票（抵扣联）（单据2-4-6-1）、增值税专用发票（发票联）（单据2-4-6-2）、转账支票存根（单据2-4-6-3）。

【业务7】 2019年12月31日，瑞安达房地产有限公司结转完工商品房成本。开发产品成本计算单见表2-6。

表2-6 开发产品成本计算单

成本项目	总成本（万元）	开发面积（平方米）	单位成本（万元）
土地成本	10 900	40 000	0.272 5
前期工程费	500		0.012 5
建安成本	18 000		0.450 0
合计	29 400	40 000	0.735 0

提示：见单据簿第42页的工程竣工验收报告单（单据2-4-7-1）。

【业务8】 2019年12月31日，瑞安达房地产有限公司商品房交付业主结转收入。收楼通知书见图2-6。

收楼通知书

亲爱的业主：

您好！您所认购的瑞安达花园　　座　　单元，已具备收楼条件，现就收楼有关事项通知如下：

1.瑞安达花园定于2020年12月正式交楼，因收楼按先后程序开展工作，现安排您于2020年12月31日为办理收楼时间。届时请莅临瑞安达花园售楼中心和瑞安达花园物业管理有限公司客户中心联系办理。

2.如您本人因公务繁忙，不能亲自前来收楼，可委托他人代为办理。委托人除应带齐身份证明和相关文件外，还须携带您的亲笔委托书和业主本人身份证正本。

3.若您因特殊情况不能按上述指定时间来收楼，请及时致电瑞安达花园物业管理公司客户中心，并于2021年1月6日前办妥收楼手续(以邮戳日期为准)，若您未能按最后期限办理收楼手续，我司仍按最后期限收取相关费用。

收到本通知后，敬请仔细阅读相关内容及附后的《收楼需知》《付款通知书》等资料，以便收楼顺利进行。

恭候光临！

瑞安达房地产有限公司

2019年12月25日

图2-6　收楼通知书

【业务9】 2019年12月31日，瑞安达房地产有限公司结转主营业务成本。销售成本结算单见表2-7。

表2-7　销售成本结算单

销售面积（平方米）	单位成本（万元）	总成本（万元）
40 000	0.735	29 400

【业务10】 2019年12月31日，瑞安达房地产有限公司结转预缴增值税。请作出该业务的会计处理。

提示：见单据簿第40页的税收缴款书（税务收现专用）（单据2-4-5-1）。

【业务11】 2019年12月31日，瑞安达房地产有限公司对允许扣除的土地价款进行销项税额抵减。

提示：见单据簿第40页的税收缴款书（税务收现专用）（单据2-4-5-1）。

【业务12】 2019年12月31日，瑞安达房地产有限公司计算未交增值税。应交税费——应交增值税情况表见表2-8。

表 2-8　　应交税费——应交增值税明细账　　单位：元

2019 年			摘要	借方				贷方		借或贷	余额
年	月	日		合计	进项税额	销项税额抵减	转出未交增值税	合计	销项税额		
2019	8	1	前期工程费		300 000					借	300 000
	9	1	外购货物		5 200 000					借	5 500 000
	12	17	建安费用		12 600 000					借	18 100 000
	12	31	结转收徒						43 200 000	贷	25 100 000
	12	31	抵减税款			9 000 000				贷	16 100 000
	12	31	结转税费				16 100 000			平	0

【业务 13】　2020 年 1 月 12 日，瑞安达房地产有限公司补缴增值税 170 万元。

提示：见单据簿第 43 页的税收缴款书（税务收现专用）（单据 2-4-13-1）。

任务 2.5　增值税纳税申报

武汉泰丰实业有限公司为一生产家用电器的工业企业，增值税一般纳税人，原材料按实际成本核算，购销货物适用的增值税税率均为 13%。纳税人识别号：240112016101016888，每月通过增值税发票选择确认平台选择用于抵扣的增值税专用发票，符合条件的增值税进项税额当月全部勾选确认当月抵扣。2019 年 11 月增值税申报表主表的“期末留抵税额”为 400 000 元。12 月，泰丰实业有限公司发生有关经济业务。

【业务 1】　2019 年 12 月 11 日，向大明有限公司购进原材料聚丙烯一批，取得的增值税专用发票上注明价款 600 000 元，税款 78 000 元。原材料在运输过程中发生运输费 20 000 元，税款 1 800 元，取得增值税专用发票。原材料已验收入库，款项尚未支付。相关票据均通过认证。

提示：见单据簿第 43～45 页的增值税专用发票（抵扣联）（单据 2-5-1-1）、增值税专用发票（发票联）（单据 2-5-1-2）、增值税专用发票（抵扣联）（单据 2-5-1-3）、增值税专用发票（发票联）（单据 2-5-1-4）。

【业务 2】　2019 年 12 月 10 日销售产品食品袋一批，开具的增值税专用发票上注明价款 100 000 元，增值税额 13 000 元，款项均已收存银行。

提示：见单据簿第 45 页的增值税专用发票（记账联）（单据 2-5-2-1）。

【业务 3】　将上月购进的 10 000 元（不含增值税）原材料电线用于职工食堂。

提示：见单据簿第 45 页的出库单（单据 2-5-3-1）。

【业务4】 2019年12月16日将自制产品电烤箱100台无偿赠送给客户，成本价20 000元，计税价格为24 000元。

提示：见单据簿第46页的出库单（单据2-5-4-1）。

【业务5】 2019年12月20日，向武汉大明有限公司转让企业储备土地10 000平方米，收取转让土地使用权转让金10 900 000元，存入银行。

提示：见单据簿第46页的增值税专用发票（记账联）（单据2-5-5-1）。

【业务6】 2019年12月21日，向小规模纳税人武汉红光有限公司购进并已验收入库的电器元器件51 500元，已取得普通发票。款项以银行存款支付。

提示：见单据簿第47页的增值税普通发票（发票联）（单据2-5-6-1）。

【业务7】 2019年12月31日，向武汉一路阳光有限公司收取技术咨询服务费10 600元,存入银行。

提示：见单据簿第47页的增值税专用发票（记账联）（单据2-5-7-1）。

【业务8】 承业务1至业务7，填制增值税纳税申报表附列资料（一）。

请登录实训平台，进入“税务会计实训”完成相关操作。

【业务9】 承业务1至业务7，填制增值税纳税申报表附列资料（二）。

请登录实训平台，进入“税务会计实训”完成相关操作。

【业务10】 承业务1至业务9，填制增值税纳税申报表。

请登录“学问通”实训平台，进入“税务会计实训”完成相关操作。

项目 3

消费税会计

任务 3.1　消费税会计核算

【业务 1】　大明化妆品有限公司 2020 年 2 月份向雅馨兰坊有限公司销售 100 瓶高档化妆品欢颜精华露 50 毫升，增值税专用发票上注明的不含税收入为 60 000 元，该批化妆品的成本为 40 000 元，款项已收到并存入银行。请作出该业务及计提消费税的会计处理。

提示：见单据簿第 48 页的增值税专用发票（记账联）（单据 3－1－1－1）、银行进账单（收账通知）（单据 3－1－1－2）、出库单（单据 3－1－1－3）。

【业务 2】　2020 年 1 月 3 日上宇大众汽车有限公司以自产的 MiMi 汽车一辆抵偿所欠东方王特有限公司的债务 100 000 元。该汽车的当月最低售价为 50 000 元、最高售价为 60 000 元，产品成本为 40 000 元，增值税税率为 13%，消费税税率为 12%。抵债合同见图 3－1。请作出该业务及计提消费税的会计处理。

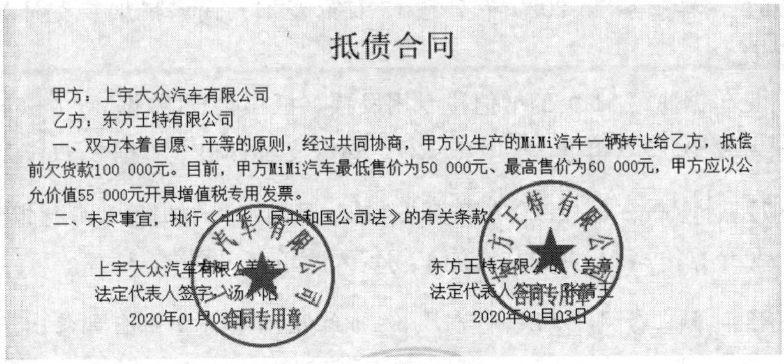

抵债合同

甲方：上宇大众汽车有限公司

乙方：东方王特有限公司

一、双方本着自愿、平等的原则，经过共同协商，甲方以生产的MiMi汽车一辆转让给乙方，抵偿前欠货款100 000元。目前，甲方MiMi汽车最低售价为50 000元、最高售价为60 000元，甲方应以公允价值55 000元开具增值税专用发票。

二、未尽事宜，执行《中华人民共和国公司法》的有关条款。

上宇大众汽车有限公司（盖章）
法定代表人签字：[illegible]
2020年01月03日

东方王特有限公司（盖章）
法定代表人签字：[illegible]
2020年01月03日

图 3－1　抵债合同

提示：见单据簿第 49 页的增值税专用发票（记账联）（单据 3－1－2－1）、出库单（单据 3－1－2－2）。

【业务 3】　2020 年 1 月大河体育器材公司对 2018 年 12 月向大华制造有限公司

销售高尔夫球具时收取的包装物押金 2 260 元做没收处理。适用的消费税税率为 10%。请作出该业务的会计处理。

提示： 见单据簿第 50 页的企业内部业务审批单（单据 3－1－3－1）。

【业务 4】 2020 年 1 月 3 日百花糖酒厂领用自产自用的库存 1 吨白酒，用于连续生产酒心糖 2 000 千克。白酒的成本 80 000 元。请作出该业务的会计处理。

提示： 见单据簿第 50 页的出库单（单据 3－1－4－1）。

【业务 5】 2020 年 6 月 3 日红星烟厂委托家悦烟厂加工烟丝，两厂均为增值税一般纳税人。红星烟厂提供烟叶价值 10 000 元。委托加工合同见图 3－2。

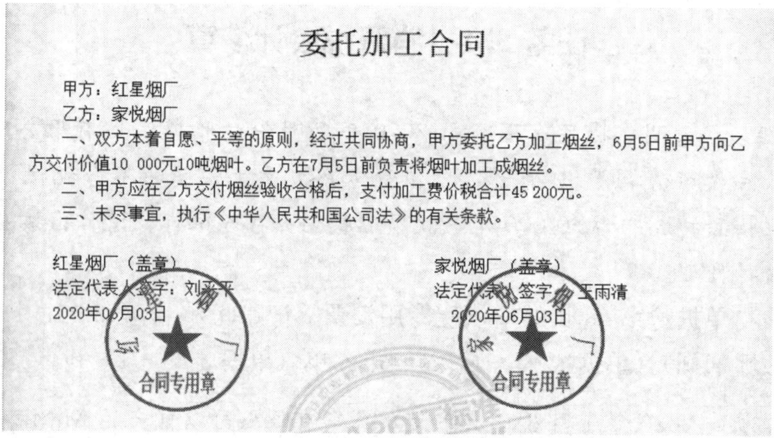

委托加工合同

甲方：红星烟厂

乙方：家悦烟厂

一、双方本着自愿、平等的原则，经过共同协商，甲方委托乙方加工烟丝，6月5日前甲方向乙方交付价值10 000元10吨烟叶。乙方在7月5日前负责将烟叶加工成烟丝。

二、甲方应在乙方交付烟丝验收合格后，支付加工费价税合计45 200元。

三、未尽事宜，执行《中华人民共和国公司法》的有关条款。

红星烟厂（盖章）
法定代表人签字：刘承平
2020年06月03日

家悦烟厂（盖章）
法定代表人签字：王雨清
2020年06月03日

合同专用章

合同专用章

图 3－2　委托加工合同

提示： 见单据簿第 50 页的出库单（单据 3－1－5－1）。

【业务 6】 接业务 5，2020 年 7 月 13 日红星烟厂向家悦烟厂支付加工费、消费税和增值税。

提示： 见单据簿第 51 页的增值税专用发票（抵扣联）（单据 3－1－6－1）、增值税专用发票（发票联）（单据 3－1－6－2）、转账支票存根（单据 3－1－6－3）。

【业务 7】 接业务 6，2020 年 7 月 13 日红星烟厂收回烟丝入库待销售。

提示： 见单据簿第 52 页的委托加工物资入库单（单据 3－1－7－1）。

【业务 8】 接业务 7，2020 年 7 月 30 日红星烟厂将烟丝全部售出。不含税收入为 90 000 元。

提示： 见单据簿第 52 页的增值税专用发票（记账联）（单据 3－1－8－1）、出库单（单据 3－1－8－2）。

【业务 9】 接业务 8，2020 年 8 月 5 日红星烟厂缴纳消费税。

提示： 见单据簿第 53 页的税收缴款书（税务收现专用）（单据 3－1－9－1）。

【业务10】 接业务5、6、7，2020年7月30日红星烟厂用委托加工收回的烟丝用于连续加工成卷烟50箱对外全部销售，取得不含税销售额500 000元。请作出该业务及计提消费税的会计处理。

提示：见单据簿第53～54页的增值税专用发票（记账联）（单据3-1-10-1）、银行进账单（收账通知）（单据3-1-10-2）。

【业务11】 接业务10，2020年8月5日红星烟厂缴纳消费税．月初库存委托加工应税烟丝已纳消费税7 000元，期末库存委托加工应税烟丝已纳消费税8 000元。

提示：见单据簿第54页的税收缴款书（税务收现专用）（单据3-1-11-1）。

任务3.2 消费税纳税申报

资料：长江汽车制造公司（增值税一般纳税人，纳税人识别号：91011201610l016448）2019年12月销售越野车（气缸容量在1.5升以上至2.0升（含2.0）升的）120辆，每辆销售价格（含增值税）11.2万元，同时，向购买方收取手续费0.1万元/辆。同时，向汽车拉力赛赞助特制越野车2辆，并兼做广告，每辆成本8万元，成本利润率为8%。销售统计表见表3-1，汇总产品出库单见表3-2。

表3-1 销售统计表

2019年12月

日期	品名	数量（辆）	单价（万元）	金额（万元）	备注
12月1日	越野车	2	11.2	22.4	手续费0.1万元/辆
12月2日	越野车	5	11.2	56	
…	…	…	…	…	
…	…	…	…	…	
合计	越野车	120	11.2	1 344	

表3-2 汇总产品出库单

2019年12月31日

产品编号	产品名称规格	单位	数量	单位成本（元）	总成本（元）	备注
	越野车	辆	120	75 000	9 000 000	销售发出
	特制越野车	辆	2	80 000	160 000	向汽车拉力赛广告费助，成本利润率为8%
合计	越野车	辆	122		9 160 000	

提示：请登录“学问通”实训平台，进入“税务会计实训”进行相关操作。

项目 4

城市维护建设税、教育费附加及资源税会计

任务 4.1　城市维护建设税、教育费附加会计核算

【业务 1】 长江汽车制造公司设在市区，2020 年 8 月实际应上缴增值税 728 913 元、消费税 609 094.74 元。请作出企业本月计提的城建税、教育费附加及地方教育费附加的会计处理。

【业务 2】 2020 年 9 月 15 日长江汽车制造公司实际缴纳城建税、教育费附加及地方教育费附加。

提示： 见单据簿第 55 页的税收缴款书（税务收现专用）（单据 4－1－2－1）。

任务 4.2　城市维护建设税、教育费附加纳税申报

【业务】 长江汽车制造公司设在市区，2019 年 8 月实际应上缴增值税 728 913 元、消费税 609 094.74 元。2019 年 9 月 5 日进行城市维护建设税、教育费附加及地方教育费附加纳税申报。

任务 4.3　资源税会计核算

【业务 1】 新大天然气开采公司 2020 年 7 月份对天安加气站销售专门开采的天然气 900 万立方米，取得不含增值税销售收入 1 200 万元，款项存入银行。已知该企业天然气资源税税率为 6%，请作出该业务及计提资源税的会计处理。

提示： 见单据簿第 55～56 页的增值税专用发票（记账联）（单据 4－3－1－1）、银行进账单（收账通知）（单据 4－3－1－2）、出库单（单据 4－3－1－3）。

【业务2】 接业务1，2020年8月10日缴纳资源税72万元。

提示： 见单据簿第57页的税收缴款书（税务收现专用）（单据4-3-2-1）。

【业务3】 庆大油田原油价格每吨6 000元（不含增值税），2020年8月份开采原油10万吨，其中，已销售8万吨，自用原油0.8万吨（冬季加热、修井用0.5万吨，运输车辆润滑用0.3万吨），其余的未销售。原油的资源税税率为6%，请作出上述业务的存货发出及计提资源税的会计处理。

提示： 见单据簿第57页的汇总产品出库单（单据4-3-3-1）。

【业务4】 鑫达有限公司2020年8月份向铁山铁矿收购站收购未税铁矿石2 000吨，每吨收购价为100元，款项以银行存款支付，价款为200 000元。该省铁矿适用税率为5%，请作出上述业务的存货入库及缴纳资源税的会计处理。

提示： 见单据簿第57～58页的入库单（单据4-3-4-1）、税收缴款书（税务收现专用）（单据4-3-4-2）、转账支票存根（单据4-3-4-3）。

任务4.4 资源税纳税申报

【业务1】 红庆油田有限公司（纳税人识别号：91011201610101644 8）为增值税一般纳税人。企业主要开采原油及天然气。该油田原油的适用税率为6%，天然气的适用税率为6%。

2019年12月份对外销售原油220 000吨，不含税市场价3 005元/吨（包括收取5元/吨的从坑口到车站的运杂费），取得不含税销售额66 110万元。企业同时生产天然气，向外销售100 000千立方米，市场价3 650元/千立方米，取得不含税销售额36 500万元。原有销售统计表见表4-1，天然气销售统计表见表4-2。

表4-1 **原油销售统计表**

2019年12月

日期	品名	数量（吨）	单价（元/吨）	金额（元）	备注
12月1日	原油	5 000	3 005	15 025 000	包括收取5元/吨的从坑口到车站的运杂费。
12月2日	原油	5 000	3 005	15 025 000	
…	…	…	…	…	
…	…	…	…	…	
合计	原油	220 000	3 005	661 100 000	

表 4－2 **天然气销售统计表**

2019 年 12 月

日期	品名	数量（千立方米）	单价（元/千立方米）	金额（元）	备注
12 月 1 日	天然气	10 000	3 650	36 500 000	
12 月 2 日	天然气	5 000	3 650	18 250 000	
…	…	…	…	…	
…	…	…	…	…	
合计	天然气	100 000	3 650	365 000 000	

【业务 2】 承业务 1，请填制资源税纳税申报表。

提示：请登录“学问通”实训平台，进入“税务会计实训”进行相关操作。

项目 5

企业所得税会计

任务 5.1 企业所得税会计核算

【业务 1】 2019 年 12 月甲天下纺织有限公司向黄海机械厂购买一台纺织设备，金额 120 万元，取得增值税专用发票，支付价税合计 135.6 万元。

提示：见单据簿第 58～59 页的增值税专用发票（抵扣联）（单据 5－1－1－1）、增值税专用发票（发票联）（单据 5－1－1－2）、转账支票存根（单据 5－1－1－3）、固定资产验收单（单据 5－1－1－4）。

【业务 2】 接业务 1，2020 年 1 月甲天下纺织有限公司对新购进纺织设备采用直线法计提折旧。不考虑净残值，会计上折旧期限为 10 年。固定资产折旧计算表见表 5－1。

表 5－1 **固定资产折旧计算表**

2020 年 1 月 31 日

固定资产名称	固定资产原值（元）	残值	使用年限（年）	本期折旧期间	本期应计提折旧金额（元）
纺织设备	1 200 000	0	10	2020 年 1 月 1 日至 2020 年 1 月 31 日	10 000

【业务 3】 接业务 2，2020 年 12 月 31 日该固定资产符合税法上加速折旧政策。企业采取缩短折旧期限为 6 年，试确定 2020 年的所得税影响。利润表和递延所得税计算表分别见表 5－2 和表 5－3。

表 5－2 **利润表**

编制单位：甲天下纺织有限公司 2020 年度

项　目	本期金额（元）	上期金额（略）
一、营业收入	221 150 000	
减：营业成本	151 290 000	

续前表

项　目	本期金额（元）	上期金额（略）
税金及附加	20 000 000	
销售费用	20 000 000	
管理费用	15 710 000	
财务费用	4 150 000	
资产减值损失	—	
加：公允价值变动收益（损失以“—”号填列）	—	
投资收益（损失以“—”号填列）	—	
二、营业利润（亏损以“—”号填列）	10 000 000	
加：营业外收入	50 000	
减：营业外支出	50 000	
三、利润总额（亏损总额以“—”号填列）	10 000 000	
减：所得税费用	2 500 000	
四、净利润（净亏损以“—”号填列）	7 500 000	

表 5-3　　递延所得税计算表　　单位：万元

	第一年	第二年	第三年	第四年	第五年	第六年	第七年	第八年	第九年	第十年
实际成本	120	120	120	120	120	120	120	120	120	120
累计会计折旧	12	24	36	48	60	72	84	96	108	120
账面价值	108	96	84	72	60	48	36	24	12	0
累计计税折旧	20	40	60	80	100	120	120	120	120	120
计税基础	100	80	60	40	20	0	0	0	0	0
暂时性差异	8	16	24	32	40	48	36	24	12	0
适用税率	25%	25%	25%	25%	25%	25%	25%	25%	25%	25%
递延所得税负债余额	2	4	6	8	10	12	9	6	3	0

【业务 4】　接业务 2，2021 年 12 月 31 日该固定资产符合税法上加速折旧政策。企业采取缩短折旧期限为 6 年，试确定 2021 年的所得税影响。

【业务 5】　接业务 2，2026 年 12 月 31 日该固定资产税法上加速折旧，采取缩短折旧期限为 6 年，试确定 2026 年的所得税影响。

【业务 6】　接业务 2，2029 年 12 月 31 日该固定资产税法上加速折旧，采取缩短折旧期限为 6 年，试确定 2029 年的所得税影响。

【业务7】　接业务1，2020年1月甲天下纺织有限公司对新购进纺织设备采用直线法计提折旧。不考虑净残值，会计上折旧期限为5年。固定资产折旧计算表见表5-4。

表5-4　　固定资产折旧计算表

2020年1月31日

固定资产名称	固定资产原值（元）	残值	使用年限（年）	本期折旧期间	本期应计提折旧金额（元）
纺织设备	1 200 000	0	5	2020年1月1日至2020年1月31日	20 000

【业务8】　接业务7，2020年12月31日确定该固定资产2020年的所得税影响。递延所得税计算表见表5-5。

表5-5　　递延所得税计算表　　单位：万元

	第一年	第二年	第三年	第四年	第五年	第六年	第七年	第八年	第九年	第十年
实际成本	120	120	120	120	120	120	120	120	120	120
累计会计折旧	24	48	72	96	120	120	120	120	120	120
账面价值	96	72	48	24	0	0	0	0	0	0
累计计税折旧	12	24	36	48	60	72	84	96	108	120
计税基础	108	96	84	72	60	48	36	24	12	0
暂时性差异	12	24	36	48	60	48	36	24	12	0
适用税率	25%	25%	25%	25%	25%	25%	25%	25%	25%	25%
递延所得税资产余额	3	6	9	12	15	12	9	6	3	0

【业务9】　接业务7，2021年12月31日确定该固定资产2021年的所得税影响。

【业务10】　接业务7，2025年12月31日确定该固定资产2025年的所得税影响。

【业务11】　接业务7，2029年12月31日确定该固定资产2029年的所得税影响。

【业务12】　甲天下纺织有限公司2020年12月31日持有一项以公允价值计量且其变动计入其他综合收益的金融资产，成本为400万元，在会计期末其公允价值为500万元，该企业适用的所得税税率为25%。除该事项外，该企业不存在其他会计与税法之间的差异，且递延所得税资产和递延所得税负债不存在期初余额。利润表中显示利润总额为1 000万元（略），以公允价值计量且其变动计入其他综合收益的金融资产期末汇总表见表5-6。请作出该业务公允价值变动及所得税影响的会计处理。

表5-6　以公允价值计量且其变动计入其他综合收益的金融资产期末汇总表　单位：万元

项　目	初始投资成本	期初账面余额	期末市价	初始投资成本与市价的差额
1. 股票	400	400	500	100
2. 债券				
3. 基金				
4. 其他				
合　计	400	400	500	100

【业务13】　甲天下纺织有限公司2020年发生了2 000万元的广告费支出，发生时已作为销售费用计入当期损益。大华公司2020年实现销售收入10 000万元。假设每年利润总额是1 000万元，且没有其他任何纳税调整事项。利润表中显示利润总额为1 000万元（略），广告费和业务宣传费跨年度纳税调整明细表见表5-7。请作出该业务对所得税影响的会计处理。

表5-7　广告费和业务宣传费跨年度纳税调整明细表

行次	项　目	金额（元）
1	一、本年广告费和业务宣传费支出	20 000 000
2	减：不允许扣除的广告费和业务宣传费支出	
3	二、本年符合条件的广告费和业务宣传费支出（1－2）	20 000 000
4	三、本年计算广告费和业务宣传费扣除限额的销售（营业）收入	100 000 000
5	税收规定扣除率	15％
6	四、本企业计算的广告费和业务宣传费扣除限额（4×5）	15 000 000
7	五、本年结转以后年度扣除额（3＞6，本行＝3－6；3≤6，本行＝0）	5 000 000
8	加：以前年度累计结转扣除额	
9	减：本年扣除的以前年度结转额［3＞6，本行＝0；3≤6，本行＝8或（6－3）孰小值］	
10	六、按照分摊协议归集至其他关联方的广告费和业务宣传费（10≤3或6孰小值）	
11	按照分摊协议从其他关联方归集至本企业的广告费和业务宣传费	
12	七、本年广告费和业务宣传费支出纳税调整金额（3＞6，本行＝2＋3－6＋10－11；3≤6，本行＝2＋10－11－9）	
13	八、累计结转以后年度扣除额（7＋8－9）	5 000 000

【业务 14】 甲天下纺织有限公司 2020 年 1 月预缴企业所得税 10 万元。

提示：见单据簿第 60 页的税收缴款书（税务收现专用）（单据 5－1－14－1）。

【业务 15】 接业务 14，甲天下纺织有限公司 2019 年 1－12 月已预缴 1 200 000 元，年末汇算清缴应交 1 320 000 元，税会无暂时性差异。企业所得税年度纳税申报表见表 5－8。

表 5－8　中华人民共和国企业所得税年度纳税申报表（A 类）

行次	类别	项　目	金额（元）
1	利润总额计算	一、营业收入（填写 A101010\101020\103000）	7 000 000
2		减：营业成本（填写 A102010\102020\103000）	1 360 000
3		营业税金及附加	27 859.6
4		销售费用（填写 A104000）	184 000
5		管理费用（填写 A104000）	195 310
6		财务费用（填写 A104000）	
7		资产减值损失	
8		加：公允价值变动收益	
9		投资收益	
10		二、营业利润（1－2－3－4－5－6－7＋8＋9）	5 232 830.4
11		加：营业外收入（填写 A101010\101020\103000）	
12		减：营业外支出（填写 A102010\102020\103000）	
13		三、利润总额（10＋11－12）	5 232 830.4
14	应纳税所得额计算	减：境外所得（填写 A108010）	
15		加：纳税调整增加额（填写 A105000）	67 169.6
16		减：纳税调整减少额（填写 A105000）	
17		减：免税、减计收入及加计扣除（填写 A107010）	
18		加：境外应税所得抵减境内亏损（填写 A108000）	
19		四、纳税调整后所得（13－14＋15－16－17＋18）	
20		减：所得减免（填写 A107020）	
21		减：弥补以前年度亏损（填写 A106000）	
22		减：抵扣应纳税所得额（填写 A107030）	
23		五、应纳税所得额（19－20－21－22）	5 300 000

续前表

行次	类别	项　目	金额（元）
24	应纳税额计算	税率（25%）	
25		六、应纳所得税额（23×24）	1 325 000
26		减：减免所得税额（填写 A107040）	
27		减：抵免所得税额（填写 A107050）	
28		七、应纳税额（25－26－27）	1 325 000
29		加：境外所得应纳所得税额（填写 A108000）	
30		减：境外所得抵免所得税额（填写 A108000）	
31		八、实际应纳所得税额（28＋29－30）	1 325 000
32		减：本年累计实际已预缴的所得税额	1 200 000
33		九、本年应补（退）所得税额（31－32）	125 000
34		其中：总机构分摊本年应补（退）所得税额（填写 A109000）	
35		财政集中分配本年应补（退）所得税额（填写 A109000）	
36		总机构主体生产经营部门分摊本年应补（退）所得税额（填写 A109000）	
37	附列资料	以前年度多缴的所得税额在本年抵减额	
38		以前年度应缴未缴在本年入库所得税额	

【业务 16】　接业务 15，2021 年 3 月甲天下纺织有限公司补缴上年企业所得税 125 000 元。

提示：见单据簿第 60 页的税收缴款书（税务收现专用）（单据 5－1－16－1）。

任务 5.2　企业所得税纳税申报

【业务 1】云龙贸易有限公司（纳税人识别号：91420106AMDSGABN90）2019 年利润表见表 5－9，其中的投资收益 165 888.50 元为 12 月份持有国债的利息收入，1 065 888.50 为 1—12 月份持有国债的利息收入。

表 5－9　　**利润表**

编制单位：祥龙公司　　时间：2019 年 12 月　　单位：元

项　目	行次	本期金额	本年累计金额
一、营业收入	1	2 548 709.40	12 568 709.40
减：营业成本	2	1 718 500.00	7 718 500.00

续前表

项　目	行次	本期金额	本年累计金额
税金及附加	3	37 431.42	487 431.42
销售费用	4	40 347.97	490 347.97
管理费用	5	116 065.27	916 065.27
财务费用	6	20 759.30	80 759.30
资产减值损失	7	－29 183.48	816.52
加：公允价值变动收益（损失以“－”号填列）	8	—	—
投资收益（损失以“－”号填列）	9	165 888.50	1 065 888.50
其中：对联营企业和合营企业的投资收益	10	—	—
资产处置收益（损失以“－”号填列）	11	—	—
其他收益	12	—	—
二、营业利润（亏损以“－”号填列）	13	810 677.42	3 940 677.42
加：营业外收入	15	81 675.00	101 675.00
减：营业外支出	16	136 170.00	137 170.00
三、利润总额（亏损总额以“－”号填列）	17	756 182.42	3 905 182.42
减：所得税费用	18	147 573.48	709 823.48
四、净利润（净亏损以“－”号填列）	19	608 608.94	3 195 358.94
（一）持续经营净利润	20	—	—
（二）终止经营净利润	21	—	—
五、其他综合收益的税后净额	22	—	—
（一）以后不能重分类进损益的其他综合收益	23	—	—
1. 重新计量设定受益计划净负债或净资产的变动	24	—	—
2. 权益法下在被投资单位不能重分类进损益的其他综合收益中享有的份额	25	—	—
……	26	—	—
（二）以后将重分类进损益的其他综合收益	27	—	—
1. 权益法下在被投资单位以后将重分类进损益的其他综合收益中享有的份额	28	—	—
2. 可供出售金融资产公允价值变动损益	29	—	—
3. 持有至到期投资重分类为可供出售金融资产损益	30	—	—
4. 现金流量套期损益的有效部分	31	—	—
5. 外币财务报表折算差额	32	—	—
……	33	—	—

续前表

项　目	行次	本期金额	本年累计金额
六、综合收益总额	34	—	—
七、每股收益：	35	—	—
（一）基本每股收益	36	—	—
（二）稀释每股收益	37	—	—

【业务2】 云龙贸易有限公司（纳税人识别号：91420106AMDSGABN90）进行2019年企业所得税汇算清缴。企业性质：工业企业。注册资本：1 000万元。注册地址：武汉市武昌区白沙洲大道888号。在职员工：80人。企业采用《企业会计准则》核算，使用用友U10软件。利润表见表5－9。

除利润表外，涉及如下事项：

1. 2019年1—12月主营业务收入12 068 709.40元，全部为销售商品收入；其他业务收入500 000元，全部为材料销售收入；主营业务成本7 418 500元，全部为销售商品成本；其他业务成本300 000，全部为材料销售成本。

2. 企业的投资收益1 065 888.50为1—12月份持有国债的利息收入。

3. 2019年1—12月管理费用中，包含职工薪酬572 500元，业务招待费250 000元，办公费93 565.27元。

4. 2019年1—12月销售费用中，包含职工薪酬343 500元，广告费及业务宣传费120 000元，手续费佣金26 847.97元（全年营业收入均通过合法经营的中间人）。

5. 2019年1—12月财务费用中，包含手续费700元，利息收支80 059.30元，其中利息支出85 000元，均为企业向中国工商银行流动资金借款利息。

6. 营业外支出中含通过公益性社会团体向大别山希望小学捐款10万元，支付税收滞纳金3万元。

7. 全年应付工资200万元，其中，计入销售费用30万元，计入管理费用50万元，实发200万元。应付福利费发生30万元，计提30万元，其中，计入销售费用3万元，计入管理费用5万元；职工教育经费企业计提5万元，其中，计入销售费用0.75万元，计入管理费用1.25万元，企业实际发生4万元；工会经费计提4万元，其中，计入销售费用0.6万元，计入管理费用1万元，实际缴纳4万元。

8. 2019年已预交企业所得税709 823.48元。

要求：填制2019年企业所得税年度申报表。

提示： 请登录“学问通”实训平台，进入“税务会计实训”进行相关操作。

项目 6

个人所得税会计

任务 6.1　个人所得税会计核算

【业务 1】　祥龙电子有限公司 2020 年 1 月发放工资并预扣预缴个人所得税。月工资表见表 6-1，员工专项附加扣除信息统计表见表 6-2。

表 6-1　　**月工资表**　　金额单位：元

姓名	身份证号码	基本工资	交通补贴	工资性奖金	应发数	扣公积金(12%)	扣基本医疗保险(2%)	扣基本养老保险(8%)	扣个人所得税	实发工资
管风	420123196808082122	8 000	600	3 600	12 200	1 464	244	976	15.48	9 500.52
吴成	425123195609154346	10 000	600	4 200	14 800	1 776	296	1 184	166.32	11 377.68
王霞	420178198901032321	6 000	600	1 600	8 200	984	164	656	0	6 396
李红	420654199005227615	4 000	600	5 100	9 700	1 164	194	776	1.98	7 564.02
邓明	420123197007668888	7 000	600	2 400	10 000	1 200	200	800	0	7 800
合计		35 000	3 000	16 900	54 900	6 588	1 098	4 392	183.78	42 638.22

会计主管：刘景明　　制单：艾制丹　　复核：高桂格

表 6-2　　**员工专项附加扣除信息统计表**　　单位：元

姓名	身份证号码	子女教育	赡养老人	住房贷款利息	住房租金	继续教育
管风	420123196808082122	1 000	2 000	1 000	0	0
吴成	425123195609154346	0	1 000	0	0	0
王霞	420178198901032321	2 000	0	1 000	0	0
李红	420654199005227615	500	500	0	1 500	0
邓明	420123197007668888	1 000	2 000	1 000	0	400

提示：见单据簿第 61 页的转账支票存根（单据 6-1-1-1）。

【业务 2】　接业务 1，2020 年 2 月企业缴纳工资薪金所得个人所得税。

提示：见单据簿第61页的税收缴款书（税务收现专用）（单据6－1－2－1）。

【业务3】 祥龙电子有限公司2020年3月向股东张华、李新、王车发放现金股利10万元，代扣个人所得税2万元。

提示：见单据簿第62页的转账支票存根（单据6－1－3－1）、转账支票存根（单据6－1－3－2）、转账支票存根（单据6－1－3－3）、现金股利结算单（单据6－1－3－4）。

【业务4】 接业务3，祥龙电子有限公司2020年4月上缴股东张华、李新、王车个人所得税20 000元。

提示：见单据簿第63页的税收缴款书（税务收现专用）（单据6－1－4－1）。

【业务5】 祥龙电子有限公司2020年4月支付给李杨项目设计费10 300元。李杨到税务机关代开增值税普通发票。

提示：见单据簿第63～64页的增值税普通发票（发票联）（单据6－1－5－1）、转账支票存根（单据6－1－5－2）。

【业务6】 接业务5，祥龙电子有限公司2020年4月上缴李杨个人所得税1 648元。

提示：见单据簿第64页的税收缴款书（税务收现专用）（单据6－1－6－1）。

任务6.2 个人所得税申报

【基本资料】 秋华公司（纳税人识别号：91011201AW0101NZCD）为个人所得税代扣代缴义务人。月工资表见表6－1，员工专项附加扣除信息统计表见表6－2。2020年1月—3月份企业月工资表见表6－3。1—2月该5人已纳税额见表6－4。

表6－3 **1月—3月企业月工资表** 金额单位：元

姓名	身份证号码	基本工资	交通补贴	工资性奖金	应发数	扣公积金（12%）	扣基本医疗保险（2%）	扣基本养老保险（8%）	扣个人所得税	实发工资
管风	420123196808082122	8 000	600	3 600	12 200	1 464	244	976		
吴成	425123195609154346	10 000	600	4 200	14 800	1 776	296	1 184		
王霞	420178198901032321	6 000	600	1 600	8 200	984	164	656		
李红	420654199005227615	4 000	600	5 100	9 700	1 164	194	776		
邓明	420123197007668888	7 000	600	2 400	10 000	1 200	200	800		
合计		35 000	3 000	16 900	54 900	6 588	1 098	4 392		

会计主管：刘景明　　制单：艾制丹　　复核：高桂格

表 6 - 4　　1—2 月该 5 人已纳税额

姓名	身份证号码	1 月已纳税额（元）	2 月已纳税额（元）
管风	420123196808082122	15.48	15.48
吴成	425123195609154346	166.32	166.32
王霞	420178198901032321	0	0
李红	420654199005227615	1.98	1.98
邓明	420123197007668888	0	0

要求：填写扣缴个人所得税报告表。

提示：请登录“学问通”实训平台，进入“税务会计实训”进行相关操作。

项目 7

其他税种会计

任务 7.1　土地增值税会计核算

一、房地产开发企业

【业务 1】　2017 年 5 月 10 日，瑞安达房地产有限公司于通过“招、拍、挂”取得一地块，土地价款为 11 000 万元，用于开发“瑞安达花园”，总建筑面积 4 万平方米。2018 年 6 月取得预售许可证，至 12 月全部售罄，2018 年 12 月份取得预售收入 43 600 万元，预售收入按 3%预缴增值税。当地核定的土地增值税预征率为 2%。瑞安达花园的销售状况统计表见表 7－1 。对取得的预售收入，企业应如何进行会计处理?

表 7－1　　销售状况统计表——瑞安达花园

房号	购房单位名称	建筑面积（平方米）	单价（元/平方米）	总房款（元）
201	张国义	113.01	11 235	1 269 667.35
202	王金保	113.01	11 114	1 255 993.14
301	刘小保	113.01	11 266	1 273 170.66
…	…	…	…	…
合　计		40 000		436 000 000.00
财务负责人：				

提示：见单据簿第 64 页的银行进账单（收账通知）（单据 7－1－1－1）。

【业务 2】　接业务 1，2019 年 1 月瑞安达房地产有限公司对取得的预售收入预缴增值税。

提示：见单据簿第 65 页的税收缴款书（税务收现专用）（单据 7－1－2－1）。

【业务 3】　接业务 1，2019 年 1 月瑞安达房地产有限公司对取得的预售收入预缴土地增值税。

提示：见单据簿第 65 页的税收缴款书（税务收现专用）（单据 7-1-3-1）。

【业务 4】　接业务 1，2019 年 6 月瑞安达房地产有限公司房屋竣工，交付使用，结转主营业务收入，结转已交土地增值税。收楼通知书略。

【业务 5】　接业务 1，2019 年 12 月瑞安达房地产有限公司进行土地增值税清算。土地增值税纳税申报表（二）（从事房地产开发的纳税人清算适用）见表 7-2。

表 7-2　　土地增值税纳税申报表（二）

（从事房地产开发的纳税人清算适用）

税款所属时间：2019 年 12 月 1 日至 2019 年 12 月 31 日　　　　填表日期：2020 年 1 月 15 日

金额单位：元至角分　　　　面积单位：平方米

纳税人识别号																				

纳税人名称	瑞安达房地产有限公司	项目名称	瑞安达花园	项目编号		项目地址	
所属行业		登记注册类型		纳税人地址		邮政编码	
开户银行		银行账号		主管部门		电　话	

总可售面积		自用和出租面积					
已售面积		其中：普通住宅已售面积		其中：非普通住宅已售面积		其中：其他类型房地产已售面积	

项　目		行次	金　额			
			普通住宅	非普通住宅	其他类型房地产	合计
一、转让房地产收入总额　1=2+3+4		1	400 000 000			
其中	货币收入	2				
	实物收入及其他收入	3				
	视同销售收入	4				
二、扣除项目金额合计　5=6+7+14+17+21+22		5	280 440 000			
1. 取得土地使用权所支付的金额		6	110 000 000			
2. 房地产开发成本　7=8+9+10+11+12+13		7	90 000 000			
其中	土地征用及拆迁补偿费	8				
	前期工程费	9				
	建筑安装工程费	10				
	基础设施费	11				
	公共配套设施费	12				
	开发间接费用	13				
3. 房地产开发费用　14=15+16		14	40 000 000			
其中	利息支出	15				
	其他房地产开发费用	16				

续前表

4. 与转让房地产有关的税金等 17＝18＋19＋20			17	440 000			
其中	营业税		18				
	城市维护建设税		19				
	教育费附加		20				
5. 财政部规定的其他扣除项目			21	40 000 000			
6. 代收费用			22				
三、增值额 23＝1－5			23	119 560 000			
四、增值额与扣除项目金额之比（%）24＝23÷5			24	49.8			
五、适用税率（%）			25	30			
六、速算扣除系数（%）			26	0			
七、应缴土地增值税税额 27＝23×25－5×26			27	35 868 000			
八、减免税额 28＝30＋32＋34			28				
其中	减免税（1）	减免性质代码（1）	29				
		减免税额（1）	30				
	减免税（2）	减免性质代码（2）	31				
		减免税额（2）	32				
	减免税（3）	减免性质代码（3）	33				
		减免税额（3）	34				
九、已缴土地增值税税额			35	8 480 000			
十、应补（退）土地增值税税额 36＝27－28－35			36	27 388 000			

以下由纳税人填写：					
纳税人声明	此纳税申报表是根据《中华人民共和国土地增值税暂行条例》及其实施细则和国家有关税收规定填报的，是真实的、可靠的、完整的。				
纳税人签章		代理人签章		代理人身份证号	
以下由税务机关填写：					
受理人		受理日期	年 月 日	受理税务机关签章	

【业务6】 接业务1，2020年1月瑞安达房地产有限公司补缴土地增值税。

提示：见单据簿第66页的税收缴款书（税务收现专用）（单据7-1-6-1）。

二、非房地产开发企业

【业务7】 大华工业有限公司为一般纳税人，2020年7月向大地华润有限公司购进一块国有土地使用权（在“无形资产”科目核算，尚未摊销），取得增值税专用发票，不含税价款为500万元。

提示：见单据簿第 66～67 页的增值税专用发票（抵扣联）（单据 7－1－7－1）、增值税专用发票（发票联）（单据 7－1－7－2）、转账支票存根（单据 7－1－7－3）。

【业务 8】　接业务 7，2020 年 7 月大华工业有限公司将购进的国有土地使用权转让给大中百超市，取得含税销售额 872 万元，开具增值税专用发票。已知该土地使用权购进时取得增值税专用发票，不含税价款为 500 万元。已知城建税税率 7%、教育费附加税率 3%、印花税税率 0.5‰。请计算土地增值税并进行会计处理。

提示：见单据簿第 67～68 页的增值税专用发票（记账联）（单据 7－1－8－1）、银行进账单（收账通知）（单据 7－1－8－2）。

【业务 9】　接业务 7，2020 年 8 月，大华工业有限公司缴纳增值税、城建税、教育费附加、印花税、土地增值税。

提示：见单据簿第 68～70 页的税收缴款书（税务收现专用）（单据 7－1－9－1 至单据 7－1－9－4）。

【业务 10】　2020 年 8 月大华工业有限公司（非房地产开发企业）将其 2018 年 8 月购置的一栋宿舍大楼转让给其他单位，售价为 500 万元，购置原价为 280 万元，已计提折旧 28 万元。

土地增值税纳税申报表（三）（非从事房地产开发的纳税人适用）见表 7－3。

表 7－3　　土地增值税纳税申报表（三）

（非从事房地产开发的纳税人适用）

税款所属时间：2020 年 8 月 1 日至 2020 年 8 月 31 日　　　　填表日期：2020 年 9 月 5 日

金额单位：元至角分　　　　面积单位：平方米

纳税人识别号							
纳税人名称	大华工业有限公司	项目名称	宿舍大楼	项目地址			
所属行业		登记注册类型		纳税人地址		邮政编码	
开户银行		银行账号		主管部门		电　话	

项　目		行次	金　额
一、转让房地产收入总额　1=2+3+4		1	5 000 000
其中	货币收入	2	
	实物收入	3	
	其他收入	4	
二、扣除项目金额合计 （1）5=6+7+10+15 （2）5=11+12+14+15		5	3 214 300

续前表

（1）提供评估价格	1. 取得土地使用权所支付的金额		6	
	2. 旧房及建筑物的评估价格 7=8×9		7	
	其中	旧房及建筑物的重置成本价	8	
		成新度折扣率	9	
	3. 评估费用		10	
（2）提供购房发票	1. 购房发票金额		11	2 800 000
	2. 发票加计扣除金额 12=11×5%×13		12	280 000
	其中：房产实际持有年数		13	2
	3. 购房契税		14	112 000
	4. 与转让房地产有关的税金等 15=16+17+18+19		15	2 300
	其中	营业税	16	
		城市维护建设税	17	13 860
		印花税	18	2 500
		教育费附加	19	5 940
三、增值额 20=1−5			20	1 785 700
四、增值额与扣除项目金额之比（%）21=20÷5			21	55.55
五、适用税率（%）			22	40
六、速算扣除系数（%）			23	5
七、应缴土地增值税税额 24=20×22−5×23			24	553 565
八、减免税额（减免性质代码：　　　　）			25	
九、已缴土地增值税税额			26	
十、应补（退）土地增值税税额 27=24−25−26			27	

以下由纳税人填写：					
纳税人声明	此纳税申报表是根据《中华人民共和国土地增值税暂行条例》及其实施细则和国家有关税收规定填报的，是真实的、可靠的、完整的。				
纳税人签章		代理人签章		代理人身份证号	
以下由税务机关填写：					
受理人		受理日期	年　月　日	受理税务机关签章	

任务 7.2　土地增值税纳税申报

【业务 1】　大华房地产开发公司 2019 年开发花语花园普通住宅项目，建筑面积 6 000 平方米，有关经营情况如下。花语花园销售状况统计表见表 7－4，税款缴纳情况汇总表见表 7－5。开发成本费用汇总表见表 7－6。请填制土地增值税纳税申报表（二）（从事房地产开发的纳税人清算适用）。

（1）该项目商品房全部销售，取得不含增值税销售收入4 000万元，并签订了销售合同。已缴纳增值税120万元，缴纳城建税8.4万元、教育费附加3.6万元、地方教育费附加2.4万元。

（2）签订土地购买合同，支付与该项目相关的土地使用权价款600万元、契税50万元。

（3）发生土地拆迁补偿费200万元、前期工程费100万元，支付工程价款750万元、基础设施及公共配套设施费150万元、开发间接费用60万元。

（4）发生销售费用100万元、财务费用60万元、管理费用80万元。

（5）该房地产开发公司不能按转让项目计算分摊利息，当地政府规定的开发费用扣除比例为10%。

表7-4　　销售状况统计表——花语花园

房号	购房单位名称	建筑面积（平方米）	单价（元/平方米）	总房款（元）
201	张国义	113.01	6 235	704 617.35
202	王金保	113.01	6 114	690 943.14
301	刘小保	113.01	6 266	708 120.66
…	…	…	…	…
合　计		6 000		40 000 000.00
财务负责人：				

表7-5　　税款缴纳情况汇总表

填报单位（盖章）：大华房地产开发公司　　项目　　填表日期：2020年1月10日

项目名称	花语花园		项目地址	解放西路289号
纳税起止时间	2019年1月至2019年12月			
			税费名称	金额（元）
1	2019年3月	0534929	契税	500 000
2	2019年12月	00113593	增值税	120 000
3	2019年12月	00117981	城建税、教育费附加、地方教育费附加	城建税8.4万元，教育费附加3.6万元，地方教育费附加2.4万元
4	2019年12月	00424750/00422422	印花税	4 000
5	2019年12月	00428579/00427401/00431057	土地增值税	120 000

表 7-6　　开发成本费用汇总表

项目名称	金额（元）
一、土地金额	6 500 000
土地款	6 000 000
契税	500 000
二、开发成本	12 600 000
拆迁成本	2 000 000
前期工程费	1 000 000
基础设施费	1 000 000
建安工程费	7 500 000
公共配套设施费	500 000
开发间接费用	600 000
销售费用	1 000 000
管理费用	800 000
财务费用	600 000
合　计	21 500 000

任务 7.3　房产税会计核算

【业务 1】　祥龙电子有限公司（纳税人识别号：914201066790230981）房产账面记载：生产经营用厂房原值 10 000 万元；办公楼原值 2 000 万元；仓库房产原值 3 000 万元。当地规定，房产税计算允许减除房产原值的 30%。固定资产明细表见表 7-7。计算该企业 2020 年 4—9 月份应缴纳的房产税，并作出会计处理。

表 7-7　　固定资产明细表

固定资产名称	固定资产原值（元）	预计残值 5%（元）	使用年限（年）
厂房	100 000 000	5 000 000	50
办公楼	20 000 000	100 000	50
仓库	30 000 000	150 000	50

【业务 2】　祥龙电子有限公司 2020 年 10 月份缴纳 4—9 月半年的房产税。

提示：见单据簿第 70 页的税收缴款书（税务收现专用）（单据 7-3-2-1）。

【业务 3】　假设祥龙电子有限公司 2020 年出租房屋 2 间，不含增值税的月租金为 100 000 元，租赁合同见图 7-1。计算该企业 9 月份出租房屋应缴纳的房产税，并作出取得出租房屋租金及计提房产税的会计处理。

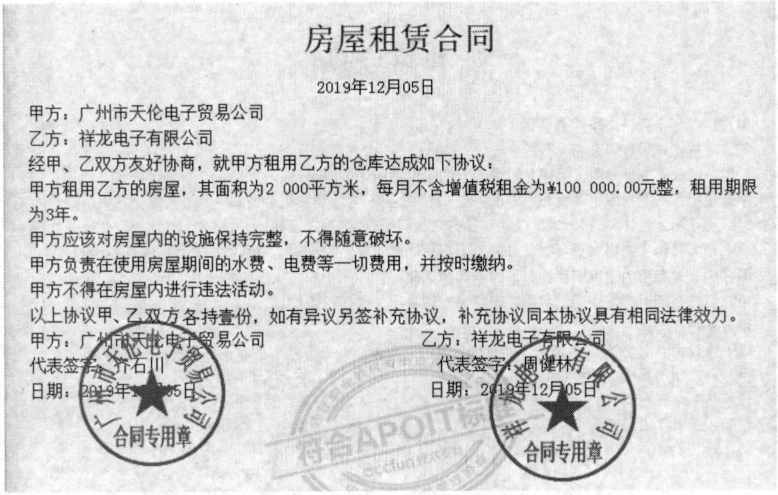

房屋租赁合同

2019年12月05日

甲方：广州市天伦电子贸易公司

乙方：祥龙电子有限公司

经甲、乙双方友好协商，就甲方租用乙方的仓库达成如下协议：

甲方租用乙方的房屋，其面积为2 000平方米，每月不含增值税租金为¥100 000.00元整，租用期限为3年。

甲方应该对房屋内的设施保持完整，不得随意破坏。

甲方负责在使用房屋期间的水费、电费等一切费用，并按时缴纳。

甲方不得在房屋内进行违法活动。

以上协议甲、乙双方各持壹份，如有异议另签补充协议，补充协议同本协议具有相同法律效力。

甲方：广州市天伦电子贸易公司　　乙方：祥龙电子有限公司

代表签字：齐石川　　代表签字：周健林

日期：2019年12月05日　　日期：2019年12月05日

图7-1　租赁合同

提示：见单据簿第71页的增值税专用发票（记账联）（单据7-3-3-1）、银行进账单（收账通知）（单据7-3-3-2）。

任务7.4　房产税纳税申报

【业务1】　祥龙电子有限公司（纳税人识别号：914201066790230981）

（1）2020年房产账面记载：生产经营用厂房原值9 000万元；职工食堂用房原值200万元；市郊一处仓库房产原值300万元。当地规定房产税计算允许减除房产原值的30%。

（2）2020年11月5日，出租给广州市天伦电子贸易公司2 000平方米的仓库，每月租金60 000元，租期为3年，合计2 160 000元，押金120 000元，并收取本月租金与押金。

固定资产汇总表见表7-8，租赁合同见图7-2。

表7-8　固定资产汇总表

2020年12月31日

固定资产名称	固定资产原值（元）	残值5%（元）	使用年限（年）
厂房	90 000 000	4 500 000	50
食堂	2 000 000	100 000	50
仓库	3 000 000	150 000	50
轿车	220 000	11 000	5
大型客车（4辆）	800 000	40 000	5
中型客车（1辆）	100 000	5 000	5
载货汽车（3辆）	420 000	21 000	5

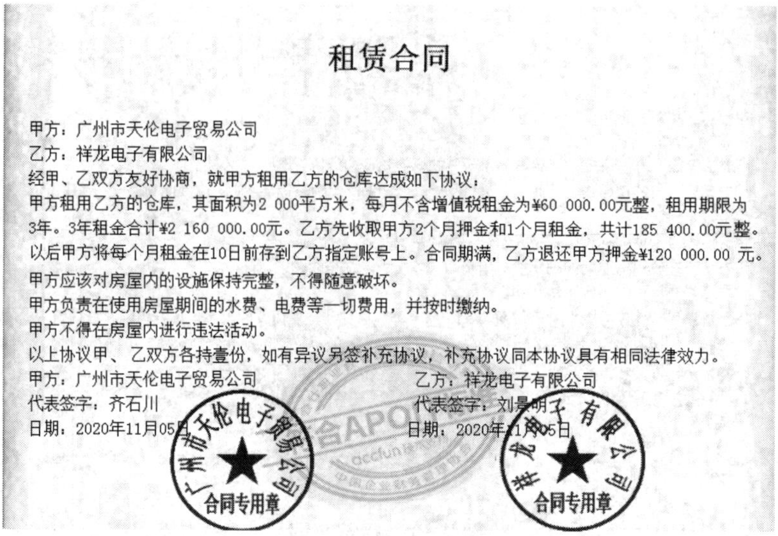

租赁合同

甲方：广州市天伦电子贸易公司

乙方：祥龙电子有限公司

经甲、乙双方友好协商，就甲方租用乙方的仓库达成如下协议：

甲方租用乙方的仓库，其面积为2 000平方米，每月不含增值税租金为¥60 000.00元整，租用期限为3年。3年租金合计¥2 160 000.00元。乙方先收取甲方2个月押金和1个月租金，共计185 400.00元整。以后甲方将每个月租金在10日前存到乙方指定账号上。合同期满，乙方退还甲方押金¥120 000.00 元。

甲方应该对房屋内的设施保持完整，不得随意破坏。

甲方负责在使用房屋期间的水费、电费等一切费用，并按时缴纳。

甲方不得在房屋内进行违法活动。

以上协议甲、乙双方各持壹份，如有异议另签补充协议，补充协议同本协议具有相同法律效力。

甲方：广州市天伦电子贸易公司　　乙方：祥龙电子有限公司

代表签字：齐石川　　代表签字：刘景明

日期：2020年11月05日　　日期：2020年11月05日

广州市天伦电子贸易公司 合同专用章　　祥龙电子有限公司 合同专用章

图 7-2　租赁合同

提示：见单据簿第 71～72 页的收款收据（单据 7-4-1-1）、银行进账单（收账通知）（单据 7-4-1-2）、增值税专用发票（记账联）（单据 7-4-1-3）。

任务 7.5　城镇土地使用税会计核算

【业务 1】　祥龙电子有限公司 2020 年实际占用土地 60 000 平方米，其中企业办幼儿园用地 600 平方米，企业职工医院用地 2 000 平方米。武汉市政府核定企业的城镇土地使用税单位税额为 16 元/平方米。城镇土地使用税计算表见表 7-9。计算该企业 2020 年 12 月应缴纳的城镇土地使用税税额，并作出会计处理。

表 7-9　城镇土地使用税计算表

2020 年 12 月 31 日

用途	面积（平方米）	土地等级	适用税率	全年应提税额（元）	本月应提税额（元）
生产经营	57 400		16 元/平方米	918 400	76 533.33
企业办幼儿园	600		16 元/平方米	0	
企业职工医院	2 000		16 元/平方米	0	
合计	60 000			918 400	

【业务 2】　祥龙电子有限公司 2021 年 1 月缴纳 2020 年全年城镇土地使用税税额。

提示：见单据簿第 73 页的税收缴款书（税务收现专用）（单据 7-5-2-1）。

任务 7.6　城镇土地使用税纳税申报

【业务】　祥龙电子有限公司（纳税人识别号：914201066790230981）2020 年土地使用证书记载的占用土地及其适用的土地使用税税率：一类地段 1 000 平方米，24 元/平方米；二类地段 500 平方米，18 元/平方米；三类地段 200 平方米，12 元/平方米；郊区（相当于七类地段）100 平方米，6 元/平方米。城镇土地使用税计算表见表 7－10。

表 7－10　　城镇土地使用税计算表

2020 年 12 月 31 日

宗地的地号	面积（平方米）	土地等级	适用税率	备注
1	1 000	一类地段	24 元/平方米	公共绿化用地 200 平方米
2	500	二类地段	18 元/平方米	2019 年 11 月购入房产
3	200	三类地段	12 元/平方米	
4	100	七类地段	6 元/平方米	基建项目在建
合计				

提示：见单据簿第 73～74 页的增值税专用发票（抵扣联）（单据 7－6－1－1）、增值税专用发票（发票联）（单据 7－6－1－2）。

任务 7.7　车船税会计核算

【业务 1】　祥龙电子有限公司 2020 年拥有 3 辆自重 5 吨的载货汽车、1 辆 48 座的大客车和 2 辆小轿车。根据当地政府规定，载货汽车计税额为自重每吨 40 元，大客车每辆年税额为 500 元，小轿车每辆年税额为 300 元。车船税计算表见表 7－11。计算该企业 2020 年 12 月应纳车船税税额，并作出相关的会计处理。

表 7－11　　车船税计算表

2020 年 12 月 31 日

车船类型	数量（辆或吨）	适用税率	全年应提税额（元）	本月应提税额（元）	备注
自重 5 吨的载货汽车	3	自重每吨 40 元	600	50	1—11 月已计提 1 558.33 元
48 座的大客车	1	每辆年税额为 500 元	500	41.67	
小轿车	2	每辆年税额为 300 元	600	50	
合计			1 700	141.67	

【业务2】 接业务1，祥龙电子有限公司2021年1月实际缴纳2020年全年车船税1 700元。

提示：见单据簿第74页的税收缴款书（税务收现专用）（单据7－7－2－1）。

任务7.8 车船税纳税申报

【业务】 祥龙电子有限公司（纳税人识别号：914201066790230981）2020年拥有车辆情况：轿车2辆，用于管理部门；载货汽车3辆，自重均为10吨，用于货运。7月新购入核定载客12人的中型客车1辆，新购入核定载客30人的大型客车4辆，用于接送职工上下班；均于本月办理牌照。该市规定小型轿车每辆每年应纳税额480元，中型客车每辆每年应纳税额540元，大型客车每辆每年应纳税额600元，载货汽车按自重税额为96元每吨。车船税计算表见表7－12。

表7－12 车船税计算表

2020年12月31日

车船类型	数量	适用税率	全年应提税额（元）
1.6升以上至2.0升（含）的乘用车	2辆	480元	
核定载客人数9人以上20人以下的中型客车	1辆	540元	
核定载客人数20人（含）以上的大型客车	4辆	600元	
货车	30吨	96元/吨	
合 计			

提示：见单据簿第75～76页的机动车销售统一发票（发票联）（单据7－8－1－1）、机动车销售统一发票（抵扣联）（单据7－8－1－2）、机动车销售统一发票（发票联）（单据7－8－1－3）、机动车销售统一发票（抵扣联）（单据7－8－1－4）。

任务7.9 印花税会计核算

【业务1】 2020年12月8日，大华房地产开发公司报销购买印花税票款200元，以库存现金付讫。

提示：见单据簿第77页的印花税票销售凭证（单据7－9－1－1）。

【业务2】大华房地产开发公司2020年12月预售房产签订购房合同40 000 000元，向税务局汇缴印花税。销售状况统计表见表7－13。

表 7－13　　　　　　　　　　**销售状况统计表——花语花园**

房号	购房单位名称	建筑面积（平方米）	单价（元/平方米）	总房款（元）
201	张国义	113.01	6 235	704 617.35
202	王金保	113.01	6 114	690 943.14
301	刘小保	113.01	6 266	708 120.66
…	…	…	…	…
合　计		6 000		40 000 000.00
财务负责人：				

提示： 见单据簿第 77～78 页的印花税纳税申报表（单据 7－9－2－1）、税收缴款书（税务收现专用）（单据 7－9－2－2）。

任务 7.10　印花税纳税申报

【业务】　武汉大华钢铁公司 2019 年 12 月发生的业务如下：

（1）采用以货换货方式与大明材料公司进行商品交易，签订合同两份（见图 7－3 和图 7－4）：一份标明价值，自身钢材价值为 50 万元，对方商品价值为 55 万元；另一份未标明价值，只列明用自身 10 吨的钢材换对方 9 吨的商品，经核实自身钢材市场价格为 10 000 元/吨，对方商品市场价格为 9 000 元/吨。

（2）与澳大利亚 Hicks Butchery Ltd. 签订一份技术开发合同（见图 7－5），合同所载金额为 100 万元，其中研发经费为 20 万元。

商品交易合同

甲方：　武汉大华钢铁公司

乙方：　大明材料公司

根据有关法律、法规规定，甲、乙双方本着平等、自愿、公平、互惠互利和诚实守信的原则，就产品供销的有关事宜协商一致订立本合同，以便共同遵守。

一、合同价款及付款方式：

本合同签订后，甲方向乙方提供自身钢材50吨，总价款为人民币50万元整。乙方向甲方提供价值55万元商品。

二、产品质量：

1.乙方保证所提供的产品货真价实，来源合法，无任何法律纠纷和质量问题，如果乙方所提供产品与第三方出现了纠纷，由此引起的一切法律后果均由乙方承担。

2.如果甲方在使用上述产品过程中，出现产品质量问题，乙方负责调换，若不能调换，予以退还。

三、违约责任

…………

四、其他约定事项

本合同一式两份，自双方签字之日起生效。如果出现纠纷，双方均可向有管辖权的人民法院提起诉讼。

甲方：　武汉大华钢铁公司
开户银行：中国工商银行武昌支行
账号：　6222020015232397136
2020年12月1日
（合同专用章）

乙方：大明材料公司
开户银行：中国工商银行江夏支行
账号：6222020015252576713
2020年12月1日
（合同专用章）

图 7－3　商品交易合同（一）

商品交易合同

甲方：武汉大华钢铁公司

乙方：大明材料公司

根据有关法律、法规规定，甲、乙双方本着平等、自愿、公平、互惠互利和诚实守信的原则，就产品供销的有关事宜协商一致订立本合同，以便共同遵守。

一、合同价款及付款方式

本合同签订后，甲方向乙方提供自身钢材10吨，乙方向甲方提供9吨商品。

二、产品质量

1.乙方保证所提供的产品货真价实，来源合法，无任何法律纠纷和质量问题，如果乙方所提供产品与第三方出现了纠纷，由此引起的一切法律后果均由乙方承担。

2.如果甲方在使用上述产品过程中，出现产品质量问题，乙方负责调换，若不能调换，予以退还。

三、违约责任

1.甲乙双方均应全面履行本合同约定，一方违约给另一方造成损失的，应当承担赔偿责任。

2.乙方未按合同约定供货的，按延迟供货的部分款，每延迟一日承担货款的万分之五的违约金，延迟10日以上的，除支付违约金外，甲方有权解除合同。

3.甲方未按照合同约定的期限结算的，应按照中国人民银行有关延期付款的规定，延迟一日，需支付结算货款的万分之五的违约金；延迟10日以上的，除支付违约金外，乙方有权解除合同。

4.甲方不得无故拒绝接货，否则应当承担由此造成的损失和运输费用。

5.合同解除后，双方应当按照本合同的约定进行对账和结算，不得刁难。

四、其他约定事项

本合同一式两份，自双方签字之日起生效。如果出现纠纷，双方均可向有管辖权的人民法院提起诉讼。

甲方：武汉大华钢铁公司
开户银行：中国工商银行武昌支行
账号：62220200152323971
2020年12月1日

乙方：大明材料公司
开户银行：中国工商银行江夏支行
账号：6222020[illegible]5252575713
2020年12月1日

合同专用章

图 7-4 商品交易合同（二）

技术开发合同

甲方：武汉大华钢铁公司

乙方：澳大利亚Hicks Butcherry Ltd.

根据有关法律、法规规定，甲、乙双方本着平等、自愿、公平、互惠互利和诚实守信的原则，就产品供销的有关事宜协商一致订立本合同，以便共同遵守。

一、合同价款及付款方式：

本合同总价款为1 000 000.00元。本合同签订后，甲方向乙方支付200 000.00元科研经费，在

一、合同价款及付款方式：

本合同总价款为1 000 000.00元。本合同签订后，甲方向乙方支付200 000.00元科研经费，在乙方将开发技术达到甲方指定标准后，甲方一次性将剩余款项付给乙方。

二、产品质量：

1.乙方保证所提供的服务无任何法律纠纷和质量问题，如果乙方所提供服务与第三方出现了纠纷，由此引起的一切法律后果均由乙方承担。

2.如果甲方在使用上述服务过程中，出现服务质量问题，乙方负责调换，若不能调换，予以退还。

三、违约责任

1.甲、乙双方均应全面履行本合同约定，一方违约给另一方造成损失的，应当承担赔偿责任。

2.乙方未按合同约定供货的，按延迟供货的部分款，每延迟一日承担货款的万分之五的违约金，延迟10日以上的，除支付违约金外，甲方有权解除合同。

3.甲方未按照合同约定的期限结算的，应按照中国人民银行有关延期付款的规定，延迟一日，需支付结算货款的万分之五的违约金；延迟10日以上的，除支付违约金外、乙方有权解除合同。

4.甲方不得无故拒绝接货，否则应当承担由此造成的损失和运输费用。

5.合同解除后，双方应当按照本合同的约定进行对账和结算，不得刁难。

四、其他约定事项

本合同一式两份，自双方签字之日起生效。如果出现纠纷，双方均可向有管辖权的人民法院提起诉讼。

甲方：武汉大华钢铁公司
开户银行：中国工商银行武昌支行
账号：622202001[illegible]2397126
2020年12月2日

乙方：澳大利亚Hicks Butcherry Ltd.
开户银行：中国建设银行和兴路支行
账号：530[illegible]569002126963
2020年12月2日

合同专用章

图 7-5 技术开发合同

（3）与祥龙电子有限公司签订一份租赁合同（见图7-6），公司承租祥龙电子有限公司的设备1台，每月租赁费为5万元，暂不确定租赁期限；与大龙电子有限公司发生融资租赁业务，签订设备融资租赁合同（见图7-7），租赁大龙电子有限公司的一个大型机器，合同注明租赁费总金额为220万元。

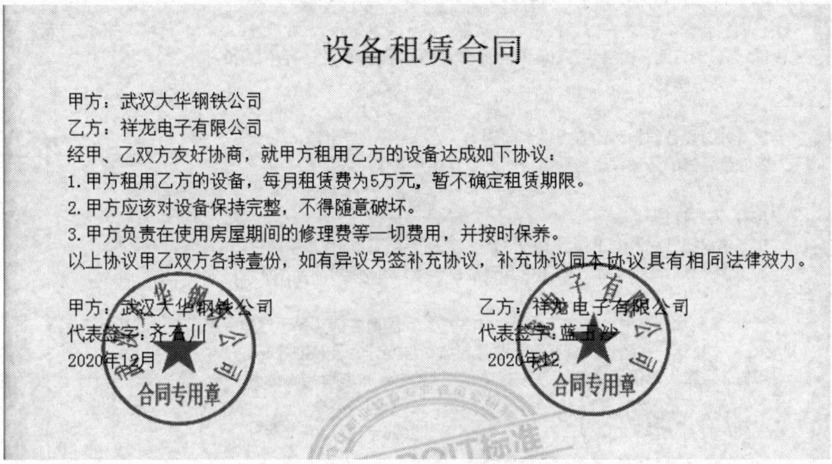
设备租赁合同

甲方：武汉大华钢铁公司

乙方：祥龙电子有限公司

经甲、乙双方友好协商，就甲方租用乙方的设备达成如下协议：

1.甲方租用乙方的设备，每月租赁费为5万元，暂不确定租赁期限。

2.甲方应该对设备保持完整，不得随意破坏。

3.甲方负责在使用房屋期间的修理费等一切费用，并按时保养。

以上协议甲乙双方各持壹份，如有异议另签补充协议，补充协议同本协议具有相同法律效力。

甲方：武汉大华钢铁公司　　　　乙方：祥龙电子有限公司

代表签字：齐石川　　　　代表签字：蓝玉

2020年12月　　　　2020年12

图7-6　设备租赁合同

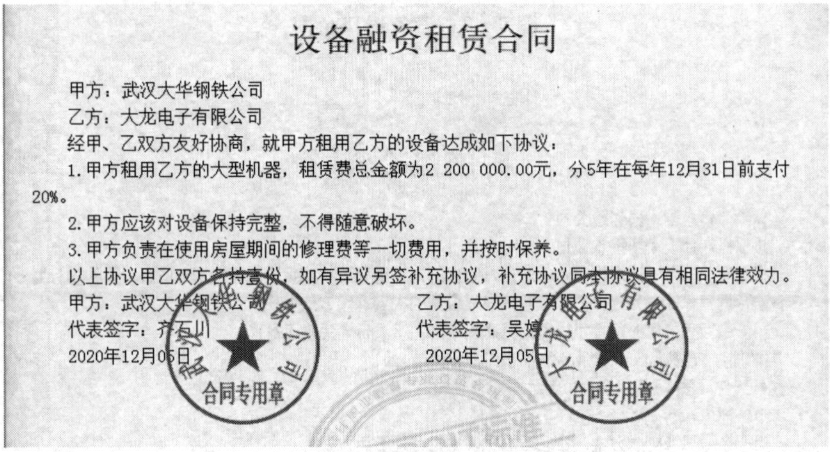
设备融资租赁合同

甲方：武汉大华钢铁公司

乙方：大龙电子有限公司

经甲、乙双方友好协商，就甲方租用乙方的设备达成如下协议：

1.甲方租用乙方的大型机器，租赁费总金额为2 200 000.00元，分5年在每年12月31日前支付20%。

2.甲方应该对设备保持完整，不得随意破坏。

3.甲方负责在使用房屋期间的修理费等一切费用，并按时保养。

以上协议甲乙双方各持壹份，如有异议另签补充协议，补充协议同本协议具有相同法律效力。

甲方：武汉大华钢铁公司　　　　乙方：大龙电子有限公司

代表签字：齐石川　　　　代表签字：吴婷

2020年12月05日　　　　2020年12月05日

图7-7　设备融资租赁合同

（4）与东方贸易公司签订一份设备进口合同（见图7-8），合同注明价款为60.23万元，已安装完毕。

（5）与中国人民保险公司签订财产保险合同（见图7-9），保险标的物价值总额为5 000万元，按12‰的比例支付保费；当月为本企业建筑队的30名施工人员签订人寿保险合同（见图7-10），支付保费50万元。

提示：请登录“学问通”实训平台，进入“税务会计实训”进行相关操作。

设备进口合同

甲方：武汉大华钢铁公司

乙方：东方贸易公司

甲、乙双方就乙方委托甲方代理进口事宜，经友好协商，达成协议如下：

一、 甲方代理乙方进口以下商品：

1. 商品名称：ADS生产线。2. 规格及数量：A4。总数量：1。3. 产地：MG。4. 价格：60.23万元。总金额：60.23万元。5. 包装：SD。以上条款最终以甲方对外签约合同为准。

二、 双方责任：

(一) 甲方责任：

1. 对外签署合同并向乙方提供合同副本。

2. 收到乙方的开证保证金后按合同要求对外开立信用证。

…………

(二) 乙方责任：

1. 本协议签订后五个工作日内向甲方支付合同金额5%的代理手续费。

2. 协议签订后三个工作日内向甲方支付合同金额30%作为开证保证金。

…………

五、 其他本协议未尽事宜，适用中华人民共和国商务部《关于对外贸易代理制的暂行规定》。

六、 本协议一式两份，具有同等法律效力，自签订之日起生效。

甲方：武汉大华钢铁公司	乙方：东方贸易公司
签约人：齐石川	签约人：郑松
2020年12月20日	2020年12月20日

合同专用章　合同专用章

图 7-8　设备进口合同

财产保险合同

保险方：中国人民保险公司

投保方：武汉大华钢铁公司

根据有关法律、法规规定："财产保险合同，采用保险单或保险凭证的形式签订。"为履行财产保险合同，保险方和投保方都应明确如下合同的内容和双方的责任：

第一条　保险标的：大华钢铁公司建筑物、生产设备、运输工具。

第二条　座落地点：湖北省武汉市白沙洲大道1号。

第三条　保险金额：5 000万元。

…………

第七条　保费交纳办法：按12‰的比例支付保险费用。

第八条　保险期限：2017年12月31日至2018年12月31日。

…………

保险方：中国人民保险公司	投保方：武汉大华钢铁公司
代表人：吴玲	代表人：齐石川
开户银行：中国建设银行埔东路支行	开户银行：中国工商银行武昌支行
账号：6222020015878125454	账号：6222020015232391126
2020年12月30日	2020年12月30日

合同专用章　合同专用章

图 7-9　财产保险合同

人寿保险合同

险种：中国人民财产保险股份有限公司人身意外伤害保险。

投保人姓名：吴鹏分、刘星、张木心、邱云、乔楠、张若一、刘伯宇、刘晗、江立、莫易、沈亦谦、晨城、叶凌皓、李晟睿、吴烨、顾骁、左立、萧峡、容恒、左轩、霍寒、恒袁飞、离莫、陆夜、郁子轩、顾苏、方韶然、苑初瑾、方语、齐暖。

基本保险费：500 000.00元。

1.总则

1.1 合同构成 本保险合同由保险条款、投保单、保险单或其他保险凭证、批单组成。凡涉及本保险合同的约定，均应采用书面形式。

1.2 被保险人 年龄在 6 个月至 65 周岁、身体健康、能正常工作或正常生活的自然人可作为被保险人。

2.保障内容

…………

2.3 保险金额

保险金额是保险人承担给付保险金责任的最高限额。保险金额由投保人、保险人双方约定，并在保险单中载明。保险金额一经确定，在保险期间内不得变更。

2.4 保险期间

除另有约定外，保险期间为 1 年，以保险单载明的起讫时间为准。

3.投保人、被保险人义务

…………

8.释义

…………

图 7－10　人寿保险合同

图书在版编目(CIP)数据

税务会计实训：手工实操与在线实训/刘彩霞主编．—北京：中国人民大学出版社，2017.8
(职业院校会计手工实操与在线实训系列规划教材)
ISBN 978-7-300-24681-9

Ⅰ．①税… Ⅱ．①刘… Ⅲ．①税务会计-教材 Ⅳ．①F810.42

中国版本图书馆 CIP 数据核字（2017）第 167127 号

职业院校会计手工实操与在线实训系列规划教材
税务会计实训——手工实操与在线实训
刘彩霞　主编
Shuiwu Kuaiji Shixun—Shougong Shicao yu Zaixian Shixun

出版发行	中国人民大学出版社		
社　　址	北京中关村大街 31 号	**邮政编码**	100080
电　　话	010－62511242（总编室）		010－62511770（质管部）
	010－82501766（邮购部）		010－62514148（门市部）
	010－62515195（发行公司）		010－62515275（盗版举报）
网　　址	http://www.crup.com.cn		
经　　销	新华书店		
印　　刷	北京昌联印刷有限公司		
规　　格	185 mm×260 mm　16 开本	**版　　次**	2017 年 8 月第 1 版
印　　张	14.25　插页 1	**印　　次**	2022 年 8 月第 5 次印刷
字　　数	165 000	**定　　价**	55.00 元

税务会计实训
单据簿

目 录

续前表

项目序号	任务序号	业务序号	业务概述	原始单据		
				单据号	名称	页码
项目2	任务2.1	业务11	进口材料	2－1－11－1	海关进口关税专用缴款书	12
				2－1－11－2	海关代征增值税专用缴款书	13
				2－1－11－3	转账支票存根	13
				2－1－11－4	固定资产交接（验收）单	13
		业务12	接受技术指导	2－1－12－1	税收通用完税证	14
				2－1－12－2	转账支票存根	14
				2－1－12－3	银行电汇凭证（回单）	14
		业务13	购进生产设备	2－1－13－1	增值税专用发票（抵扣联）	15
				2－1－13－2	增值税专用发票（发票联）	15
				2－1－13－3	转账支票存根	16
				2－1－13－4	固定资产验收单	16
		业务14	购进办公大楼	2－1－14－1	增值税专用发票（抵扣联）	16
				2－1－14－2	增值税专用发票（发票联）	17
				2－1－14－3	转账支票存根	17
				2－1－14－4	固定资产验收单	17
		业务15	材料用于在建工程	2－1－15－1	出库单	18
				2－1－15－2	增值税专用发票（抵扣联）	18
				2－1－15－3	增值税专用发票（发票联）	18
		业务16	办公楼改造	2－1－16－1	增值税专用发票（抵扣联）	19
				2－1－16－2	增值税专用发票（发票联）	19
				2－1－16－3	固定资产调拨单	19
		业务17	购入税控系统设备	2－1－17－1	增值税专用发票（抵扣联）	20
				2－1－17－2	增值税专用发票（发票联）	20
				2－1－17－3	增值税专用发票（抵扣联）	21
				2－1－17－4	增值税专用发票（发票联）	21
				2－1－17－5	转账支票存根	21
		业务18	购进月饼	2－1－18－1	增值税专用发票（抵扣联）	22
				2－1－18－2	增值税专用发票（发票联）	22
				2－1－18－3	转账支票存根	23
				2－1－18－4	入库单	23

续前表

项目序号	任务序号	业务序号	业务概述	原始单据		
				单据号	名称	页码
项目2	任务2.1	业务19	发放福利	2-1-19-1	出库单	23
		业务20	销售产品	2-1-20-1	增值税专用发票（记账联）	24
				2-1-20-2	现金支票存根	24
		业务21	销售产品	2-1-21-1	增值税专用发票（记账联）	24
				2-1-21-2	托收凭证（受理回单）	25
				2-1-21-3	增值税专用发票（抵扣联）	25
				2-1-21-4	增值税专用发票（发票联）	26
				2-1-21-5	现金支票存根	26
		业务22	销售大型设备	2-1-22-1	出库单	26
				2-1-22-2	银行进账单（收账通知）	27
		业务23	收到第一期货款	2-1-23-1	增值税专用发票（记账联）	27
		业务24	开具红字发票	2-1-24-1	红字增值税专用发票（记账联）	27
				2-1-24-2	转账支票存根	28
		业务25	取得变价收入	2-1-25-1	增值税普通发票（记账联）	28
				2-1-25-2	银行进账单（收账通知）	28
				2-1-25-3	固定资产清理审批单	29
		业务26	礼品赠送客户	2-1-26-1	出库单	29
				2-1-26-2	纪念品出库审批单	29
		业务28	缴纳增值税（1）	2-1-28-1	税收缴款书（税务收现专用）	30
		业务29	缴纳增值税（2）	2-1-29-1	税收缴款书（税务收现专用）	30
	任务2.2	业务1	销售产品	2-2-1-1	增值税普通发票（记账联）	31
				2-2-1-2	银行进账单（收账通知）	31
				2-2-1-3	出库单	31
		业务2	购进材料	2-2-2-1	增值税专用发票（抵扣联）	32
				2-2-2-2	增值税专用发票（发票联）	32
				2-2-2-3	转账支票存根	32
				2-2-2-4	入库单	33
		业务3	购进税控系统设备	2-2-3-1	增值税专用发票（抵扣联）	33
				2-2-3-2	增值税专用发票（发票联）	33
				2-2-3-3	增值税专用发票（抵扣联）	34
				2-2-3-4	增值税专用发票（发票联）	34
				2-2-3-5	转账支票存根	34
		业务4	缴纳增值税	2-2-4-1	税收缴款书（税务收现专用）	35

续前表

项目序号	任务序号	业务序号	业务概述	原始单据		
				单据号	名称	页码
项目2	任务2.3	业务2	收到总承包款	2-3-2-1	增值税普通发票（记账联）	35
				2-3-2-2	银行进账单（收账通知）	36
		业务3	收到增值税扣税凭证	2-3-3-1	转账支票存根	36
				2-3-3-2	增值税普通发票（发票联）	36
		业务4	预缴税款	2-3-4-1	税收缴款书（税务收现专用）	37
		业务5	确认收入与费用	2-3-5-1	工程施工明细账	37
	任务2.4	业务1	购买土地	2-4-1-1	政府非税收入专用票据	38
				2-4-1-2	转账支票存根	38
		业务2	支付设计费	2-4-2-1	增值税专用发票（抵扣联）	38
				2-4-2-2	增值税专用发票（发票联）	39
				2-4-2-3	转账支票存根	39
		业务3	购买钢筋	2-4-3-1	增值税专用发票（抵扣联）	39
				2-4-3-2	增值税专用发票（发票联）	40
		业务4	销售房产	2-4-4-1	银行进账单（收账通知）	40
		业务5	预缴增值税	2-4-5-1	税收缴款书（税务收现专用）	40
		业务6	支付建安费	2-4-6-1	增值税专用发票（抵扣联）	41
				2-4-6-2	增值税专用发票（发票联）	41
				2-4-6-3	转账支票存根	42
		业务7	结转完工成本	2-4-7-1	工程竣工验收报告单	42
		业务13	结转预缴增值税	2-4-13-1	税收缴款书（税务收现专用）	43
	任务2.5	业务1	销售应税消费品	2-5-1-1	增值税专用发票（抵扣联）	43
				2-5-1-2	增值税专用发票（发票联）	44
				2-5-1-3	增值税专用发票（抵扣联）	44
				2-5-1-4	增值税专用发票（发票联）	45
		业务2	销售产品	2-5-2-1	增值税专用发票（记账联）	45
		业务3	将购进原材料用于职工食堂	2-5-3-1	出库单	45
		业务4	自制产品赠送客户	2-5-4-1	出库单	46
		业务5	收取土地使用权转让金	2-5-5-1	增值税专用发票（记账联）	46
		业务6	购进元器件	2-5-6-1	增值税专用发票（记账联）	47
		业务7	收取技术咨询服务费	2-5-7-1	增值税普通发票（记账联）	47

续前表

项目序号	任务序号	业务序号	业务概述	原始单据		
				单据号	名称	页码
项目3	任务3.1	业务1	销售化妆品	3－1－1－1	增值税专用发票（记账联）	48
				3－1－1－2	银行进账单（收账通知）	48
				3－1－1－3	出库单	48
		业务2	以自产汽车抵偿债务	3－1－2－1	增值税专用发票（记账联）	49
				3－1－2－2	出库单	49
		业务3	没收包装物押金	3－1－3－1	企业内部业务审批单	50
		业务4	领用自产自用白酒用于生产	3－1－4－1	出库单	50
		业务5	委托加工烟丝	3－1－5－1	出库单	50
		业务6	支付加工费、消费税、增值税	3－1－6－1	增值税专用发票（抵扣联）	51
				3－1－6－2	增值税专用发票（发票联）	51
				3－1－6－3	转账支票存根	51
		业务7	收回烟丝	3－1－7－1	委托加工物资入库单	52
		业务8	出售烟丝	3－1－8－1	增值税专用发票（记账联）	52
				3－1－8－2	出库单	52
		业务9	缴纳消费税	3－1－9－1	税收缴款书（税务收现专用）	53
		业务10	委托加工收回烟丝用于生产卷烟	3－1－10－1	增值税专用发票（记账联）	53
				3－1－10－2	银行进账单（收账通知）	54
		业务11	缴纳消费税	3－1－11－1	税收缴款书（税务收现专用）	54
项目4	任务4.1	业务2	缴纳城建税及教育费附加	4－1－2－1	税收缴款书（税务收现专用）	55
	任务4.3	业务1	销售天然气	4－3－1－1	增值税专用发票（记账联）	55
				4－3－1－2	银行进账单（收账通知）	56
				4－3－1－3	出库单	56
		业务2	缴纳资源税	4－3－2－1	税收缴款书（税务收现专用）	57
		业务3	开采及销售原油	4－3－3－1	汇总产品出库单	57
		业务4	收购铁矿石	4－3－4－1	入库单	57
				4－3－4－2	税收缴款书（税务收现专用）	58
				4－3－4－3	转账支票存根	58

续前表

项目序号	任务序号	业务序号	业务概述	原始单据		
				单据号	名称	页码
项目5	任务5.1	业务1	购买设备	5-1-1-1	增值税专用发票（抵扣联）	58
				5-1-1-2	增值税专用发票（发票联）	59
				5-1-1-3	转账支票存根	59
				5-1-1-4	固定资产验收单	59
		业务14	预缴企业所得税	5-1-14-1	税收缴款书（税务收现专用）	60
		业务16	补缴企业所得税	5-1-16-1	税收缴款书（税务收现专用）	60
项目6	任务6.1	业务1	发放工资，代扣个人所得税	6-1-1-1	转账支票存根	61
		业务2	企业缴纳个人所得税	6-1-2-1	税收缴款书（税务收现专用）	61
		业务3	发放现金股利	6-1-3-1	转账支票存根	62
				6-1-3-2	转账支票存根	62
				6-1-3-3	转账支票存根	62
				6-1-3-4	现金股利结算单	62
		业务4	缴纳个人所得税	6-1-4-1	税收缴款书（税务收现专用）	63
		业务5	支付设计费	6-1-5-1	增值税普通发票（发票联）	63
				6-1-5-2	转账支票存根	64
		业务6	缴纳个人所得税	6-1-6-1	税收缴款书（税务收现专用）	64
项目7	任务7.1	业务1	土地增值税核算	7-1-1-1	银行进账单（收账通知）	64
		业务2	预缴增值税	7-1-2-1	税收缴款书（税务收现专用）	65
		业务3	预缴土地增值税	7-1-3-1	税收缴款书（税务收现专用）	65
		业务6	预缴土地增值税	7-1-6-1	税收缴款书（税务收现专用）	66
		业务7	购进土地使用权	7-1-7-1	增值税专用发票（抵扣联）	66
				7-1-7-2	增值税专用发票（发票联）	67
				7-1-7-3	转账支票存根	67
		业务8	转让土地使用权	7-1-8-1	增值税专用发票（记账联）	67
				7-1-8-2	银行进账单（收账通知）	68
		业务9	缴纳增值税、城建税、教育费附加、印花税、土地增值税	7-1-9-1	税收缴款书（税务收现专用）	68
				7-1-9-2	税收缴款书（税务收现专用）	69
				7-1-9-3	税收缴款书（税务收现专用）	69
				7-1-9-4	税收缴款书（税务收现专用）	70

续前表

项目序号	任务序号	业务序号	业务概述	原始单据		
				单据号	名称	页码
项目7	任务7.3	业务2	缴纳房产税	7-3-2-1	税收缴款书（税务收现专用）	70
		业务3	房产税核算	7-3-3-1	增值税专用发票（记账联）	71
				7-3-3-2	银行进账单（收账通知）	71
	任务7.4	业务1	房产税申报	7-4-1-1	收款收据	71
				7-4-1-2	银行进账单（收账通知）	72
				7-4-1-3	增值税专用发票（记账联）	72
	任务7.5	业务2	城镇土地使用税核算	7-5-2-1	税收缴款书（税务收现专用）	73
	任务7.6	业务1	城镇土地使用税申报	7-6-1-1	增值税专用发票（抵扣联）	73
				7-6-1-2	增值税专用发票（发票联）	74
	任务7.7	业务2	缴纳车船税	7-7-2-1	税收缴款书（税务收现专用）	74
	任务7.8	业务1	车船税申报	7-8-1-1	机动车销售统一发票（发票联）	75
				7-8-1-2	机动车销售统一发票（抵扣联）	75
				7-8-1-3	机动车销售统一发票（发票联）	76
				7-8-1-4	机动车销售统一发票（抵扣联）	76
	任务7.9	业务1	购买印花税票	7-9-1-1	印花税票销售凭证	77
		业务2	印花税核算	7-9-2-1	印花税纳税申报表	77
				7-9-2-2	税收缴款书（税务收现专用）	78

单据 2-1-1-1

4201174130　　**湖北增值税专用发票**　　№ 28036311　　4201174130 28036311

抵扣联

校验码 12891 30137 92703 71594　　开票日期：2020年05月15日

购买方	名　　称：武汉秋华机械有限责任公司 纳税人识别号：91420106300356727C 地 址、电 话：武汉市武昌区黄鹤楼888# 027-87390827 开户行及账号：工商银行紫阳支行 6210202000202456666	密码区	-65745<19458<38404817000875 5/37503848*7>234504>-000027 2//5>*8574567-7<8*873000007 <413-3001152-/7142>>8023318

货物或应税劳务、服务名称	规格型号	单位	数量	单价	金额	税率	税额
*水冰雪*水费		吨	100	20.00	2000.00	9%	180.00
合　　计					¥2000.00		¥180.00
价税合计（大写）	⊗贰仟壹佰捌拾元整				（小写）¥2180.00		

销售方	名　　称：武汉市自来水公司 纳税人识别号：914201062100123421 地 址、电 话：湖北省武汉武昌区武珞路509号 027-68774431 开户行及账号：中国工商银行武昌支行 6222020019356712128	备注	

收款人：　　复核：　　开票人：高红　　销售方：（章）

（印章：武汉市自来水公司 914201062100123421 发票专用章）

税总函〔2015〕562号海南华森实业公司

第二联：抵扣联　购买方扣税凭证

单据 2-1-1-2

4201174130　　**湖北增值税专用发票**　　№ 28036311　　4201174130 28036311

发票联

校验码 12891 30137 92703 71594　　开票日期：2020年05月15日

购买方	名　　称：武汉秋华机械有限责任公司 纳税人识别号：91420106300356727C 地 址、电 话：武汉市武昌区黄鹤楼888# 027-87390827 开户行及账号：工商银行紫阳支行 6210202000202456666	密码区	-65745<19458<38404817000875 5/37503848*7>234504>-000027 2//5>*8574567-7<8*873000007 <413-3001152-/7142>>8023318

货物或应税劳务、服务名称	规格型号	单位	数量	单价	金额	税率	税额
*水冰雪*水费		吨	100	20.00	2000.00	9%	180.00
合　　计					¥2000.00		¥180.00
价税合计（大写）	⊗贰仟壹佰捌拾元整				（小写）¥2180.00		

销售方	名　　称：武汉市自来水公司 纳税人识别号：914201062100123421 地 址、电 话：湖北省武汉武昌区武珞路509号 027-68774431 开户行及账号：中国工商银行武昌支行 6222020019356712128	备注	

收款人：　　复核：　　开票人：高红　　销售方：（章）

（印章：武汉市自来水公司 914201062100123421 发票专用章）

税总函〔2015〕562号海南华森实业公司

第三联：发票联　购买方记账凭证

单据 2-1-1-3

中国工商银行
转账支票存根
30904227
20630201

附加信息

出票日期2020年05月15日

收款人：武汉市自来水公司

金　额：¥2180.00

用　途：水费

单位主管　　会计

上海金达证券印制有限公司·2012年印制

单据 2-1-2-1

4201174130 **湖北增值税专用发票** № 28019702 4201174130 28019702

抵扣联

校验码 12391 34137 92753 71594 开票日期：2020年05月15日

购买方	名称：武汉秋华机械有限责任公司 纳税人识别号：91420106300356727C 地址、电话：武汉市武昌区黄鹤楼888# 027-87390827 开户行及账号：工商银行紫阳支行 6210202000202456666				密码区	-65745<19458<38404817000237 5/37503848*7>234504>-000006 2//5>*8574567-7<8*873003682 <413-3001152-/7142>>8023215	
货物或应税劳务、服务名称	规格型号	单位	数量	单价	金额	税率	税额
*供电*电费		度	1000	5.00	5000.00	13%	650.00
合计					¥5000.00		¥650.00
价税合计（大写）	⊗伍仟陆佰伍拾元整				（小写）¥5650.00		
销售方	名称：武汉市供电公司 纳税人识别号：914201065140324421 地址、电话：武汉市武昌区和平大道246号积玉桥 027-88235565 开户行及账号：中国工商银行武昌支行 6222020019892367511				备注		

收款人： 复核： 开票人：李曼曼 销售方：（章）

税总函〔2015〕562号海南华森实业公司

第二联：抵扣联 购买方扣税凭证

单据 2-1-2-2

4201174130 **湖北增值税专用发票** № 28019702 4201174130 28019702

发票联

校验码 12391 34137 92753 71594 开票日期：2020年05月15日

购买方	名称：武汉秋华机械有限责任公司 纳税人识别号：91420106300356727C 地址、电话：武汉市武昌区黄鹤楼888# 027-87390827 开户行及账号：工商银行紫阳支行 6210202000202456666				密码区	-65745<19458<38404817000237 5/37503848*7>234504>-000006 2//5>*8574567-7<8*873003682 <413-3001152-/7142>>8023215	
货物或应税劳务、服务名称	规格型号	单位	数量	单价	金额	税率	税额
*供电*电费		度	1000	5.00	5000.00	13%	650.00
合计					¥5000.00		¥650.00
价税合计（大写）	⊗伍仟陆佰伍拾元整				（小写）¥5650.00		
销售方	名称：武汉市供电公司 纳税人识别号：914201065140324421 地址、电话：武汉市武昌区和平大道246号积玉桥 027-88235565 开户行及账号：中国工商银行武昌支行 6222020019892367511				备注		

收款人： 复核： 开票人：李曼曼 销售方：（章）

税总函〔2015〕562号海南华森实业公司

第三联：发票联 购买方记账凭证

单据 2-1-2-3

中国工商银行
转账支票存根
30904227
20630202

附加信息

出票日期2020年05月15日

收款人：武汉市供电公司

金额：¥5650.00

用途：电费

单位主管 会计

上海金达证券印制有限公司 · 2012年印制

单据 2－1－3－1

4201174130　　**湖北增值税专用发票**　　№ 56846853　　4201174130 56846853

抵扣联

校验码 12891 34125 92703 71235　　开票日期：2020年05月12日

购买方		密码区	
名　　称：	武汉秋华机械有限责任公司		-65745<19458<38404817000234
纳税人识别号：	91420106300356727C		5/37503848*7>234504>-003689
地　址、电　话：	武汉市武昌区黄鹤楼888# 027-87390827		2//5>*8574567-7<8*873000007
开户行及账号：	工商银行紫阳支行 6210202000202456666		<413-3001152-/7142>>8257342

货物或应税劳务、服务名称	规格型号	单位	数量	单价	金额	税率	税额
*非金属矿石*齿轮齿条		千克	1000	400.00	400000.00	13%	52000.00
合　　计					¥400000.00		¥52000.00
价税合计（大写）	⊗肆拾伍万贰仟元整				（小写）¥452000.00		

销售方		备注	
名　　称：	黄海市物资公司		
纳税人识别号：	914201063120327423		
地　址、电　话：	黄海市武昌区和平大道268号 027-88226566		
开户行及账号：	中国工商银行武昌支行 6222020019343478233		

收款人：　　复核：　　开票人：谢秋萍　　销售方：（章）

税总函［2015］562号海南华森实业公司

第二联：抵扣联　购买方扣税凭证

全国统一发票监制章　湖北　国家税务总局监制

黄海市物资公司　914201063120327423　发票专用章

单据 2－1－3－2

4201174130　　**湖北增值税专用发票**　　№ 56846853　　4201174130 56846853

发票联

校验码 12891 34125 92703 71235　　开票日期：2020年05月12日

购买方		密码区	
名　　称：	武汉秋华机械有限责任公司		-65745<19458<38404817000234
纳税人识别号：	91420106300356727C		5/37503848*7>234504>-003689
地　址、电　话：	武汉市武昌区黄鹤楼888# 027-87390827		2//5>*8574567-7<8*873000007
开户行及账号：	工商银行紫阳支行 6210202000202456666		<413-3001152-/7142>>8257342

货物或应税劳务、服务名称	规格型号	单位	数量	单价	金额	税率	税额
*非金属矿石*齿轮齿条		千克	1000	400.00	400000.00	13%	52000.00
合　　计					¥400000.00		¥52000.00
价税合计（大写）	⊗肆拾伍万贰仟元整				（小写）¥452000.00		

销售方		备注	
名　　称：	黄海市物资公司		
纳税人识别号：	914201063120327423		
地　址、电　话：	黄海市武昌区和平大道268号 027-88226566		
开户行及账号：	中国工商银行武昌支行 6222020019343478233		

收款人：　　复核：　　开票人：谢秋萍　　销售方：（章）

税总函［2015］562号海南华森实业公司

第三联：发票联　购买方记账凭证

全国统一发票监制章　湖北　国家税务总局监制

黄海市物资公司　914201063120327423　发票专用章

单据 2－1－3－3

商业承兑汇票（卡片） 1

39008791

出票日期（大写） 贰零贰零 年 零伍 月 壹拾肆 日

付款人	全称	武汉秋华机械有限责任公司	收款人	全称	黄海市物资公司
	账号	6210202000202456666		账号	6222020019343478233
	开户银行	工商银行紫阳支行		开户银行	中国工商银行黄海支行
出票金额	人民币（大写） 肆拾伍万贰仟元整		亿千百十万千百十元角分	￥45200000	
汇票到期日（大写）	贰零贰零年零捌月壹拾叁日		付款人开户行	行号	684530831012
交易合同号码	684530			地址	武汉市武昌区陆家街125号
武汉秋华机械有限责任公司 财务专用章　李龙印　出票人签章			备注		

此联承兑人留存

单据 2－1－3－4

入　库　单

2020 年 05 月 14 日　　单号 30583900

交来单位及部门	黄海市物资公司	验收仓库	材料库	入库日期	2020-05-14	
编号	名称及规格	单位	数量 交库	数量 实收	实际价格 单价	实际价格 金额
A001	齿轮齿条	千克	1000	1000	400.00	400000.00
合计						￥400000.00

财务联

财务经理：　　仓库主管：　　经办人：　　制单人：李明浩

单据 2-1-4-1

4201174130

湖北增值税专用发票

抵扣联

№ 56846853

4201174130
56846853

校验码 12891 34125 92703 71235

开票日期：2020年05月12日

购买方	名称：武汉秋华机械有限责任公司 纳税人识别号：91420106300356727C 地址、电话：武汉市武昌区黄鹤楼888# 027-87390827 开户行及账号：工商银行紫阳支行 6210202000202456666			密码区	-65745<19458<38404817000234 5/37503848*7>234504>-003689 2//5>*8574567-7<8*873000007 <413-3001152-/7142>>8257342		
货物或应税劳务、服务名称	规格型号	单位	数量	单价	金额	税率	税额
*化学合成材料*C422圆钢	Φ180	千克	1000	400.00	400000.00	13%	52000.00
合计					¥400000.00		¥52000.00
价税合计（大写）	⊗肆拾伍万贰仟元整				（小写）¥452000.00		
销售方	名称：大华钢铁公司 纳税人识别号：914201062100124477 地址、电话：湖北省武汉武昌区武珞路5号 027-68770031 开户行及账号：中国工商银行武昌支行 6222020019343478233			备注			

收款人： 复核： 开票人：谢秋萍 销售方：（章）

大华钢铁公司 914201062100124477 发票专用章

单据 2-1-5-1

4201174130

负数

湖北增值税专用发票

抵扣联

№ 56846854

4201174130
56846854

校验码 12891 25137 93503 71584

开票日期：2020年05月16日

购买方	名称：武汉秋华机械有限责任公司 纳税人识别号：91420106300356727C 地址、电话：武汉市武昌区黄鹤楼888# 027-87390827 开户行及账号：工商银行紫阳支行 6210202000202456666			密码区	-65745<19458<38404817000346 5/37503848*7>234504>-000246 2//5>*8574567-7<8*873000361 <413-3001152-/7142>>8043325		
货物或应税劳务、服务名称	规格型号	单位	数量	单价	金额	税率	税额
*金属制品*螺纹环	M3	千克	-10	200.00	-2000.00	13%	-260.00
合计					¥-2000.00		¥-260.00
价税合计（大写）	⊗（负数）贰仟贰佰陆拾元整				（小写）¥-2260.00		
销售方	名称：黄海市物资公司 纳税人识别号：914201063120327423 地址、电话：黄海市武昌区和平大道268号 027-88226566 开户行及账号：中国工商银行黄海支行 6222020019343478233			备注	对应正数发票代码：4201174130，号码：56846846 商品质量问题		

收款人： 复核： 开票人：谢秋萍 销售方：（章）

黄海市物资公司 914201063120327423 发票专用章

单据 2－1－5－2

4201174130 负数

湖北增值税专用发票

发票联

№ 56846854　4201174130　56846854

校验码 12891 25137 93503 71584　　开票日期：2020年05月16日

购买方	名　　称：武汉秋华机械有限责任公司 纳税人识别号：91420106300356727C 地址、电话：武汉市武昌区黄鹤楼888# 027-87390827 开户行及账号：工商银行紫阳支行 6210202000202456666	密码区	-65745<19458<38404817000346 5/37503848*7>234504>-000246 2//5>*8574567-7<8*873000361 <413-3001152-/7142>>8043325

货物或应税劳务、服务名称	规格型号	单位	数量	单价	金额	税率	税额
*金属制品*螺纹环	M3	千克	-10	200.00	-2000.00	13%	-260.00
合　　计					¥-2000.00		¥-260.00
价税合计（大写）	⊗（负数）贰仟贰佰陆拾元整				（小写）¥-2260.00		

销售方	名　　称：黄海市物资公司 纳税人识别号：914201063120327423 地址、电话：黄海市武昌区和平大道268号 027-88226566 开户行及账号：中国工商银行黄海支行 6222020019343478233	备注	对应正数发票代码：4201174130，号码：56846846　商品质量问题

收款人：　　复核：　　开票人：谢秋萍　　销售方：（章）

税总函〔2015〕1562号海南华森实业公司

第三联：发票联　购买方记账凭证

单据 2－1－5－3

ICBC 中国工商银行　　进账单（收账通知）3

2020 年 05 月 16 日　　№ 150326372

出票人	全　　称	黄海市物资公司	收款人	全　　称	武汉秋华机械有限责任公司
	账　　号	6222020019343478233		账　　号	6210202000202456666
	开户银行	中国工商银行黄海支行		开户银行	工商银行紫阳支行
金额	人民币（大写）	贰仟贰佰陆拾元整		亿千百十万千百十元角分	¥226000
票据种类	支票	票据张数	1		
票据号码					
备注：					
复核：	记账：			收款人开户银行签章	

工商银行紫阳支行 业务专用章（1）

此联是收款人开户银行交给收款人的收账通知

175×85mm GH066011

单据 2－1－5－4

出　库　单

出货单位：　　2020 年 05 月 16 日　　单号：005

提货单位或领货部门	黄海市物资公司	销售单号		发出仓库	材料库	出库日期	2020-05-16
编号	名称及规格	单位	数量 应发	数量 实发	单价	金额	备注
A004	螺纹环	千克	10	10	200.00	2,000.00	
	合计					2,000.00	

部门经理：　　会计：　　仓库：　　经办人：

会计联

单据 2-1-6-1

湖北增值税专用发票

4201174130　　№ 28038261　　4201174130 28038261

抵扣联

校验码 12891 33134 92703 73595　　开票日期：2020年05月20日

购买方	名　　称：武汉秋华机械有限责任公司 纳税人识别号：914201063003567270 地 址、电 话：武汉市武昌区黄鹤楼888# 027-87390827 开户行及账号：工商银行紫阳支行 6210202000202456666	密码区	-65745<19458<38404817002345 5/37503848*7>234504>-007823 2//5>*8574567-7<8*873000007 <413-3001152-/7142>>8222461

货物或应税劳务、服务名称	规格型号	单位	数量	单价	金额	税率	税额
*钢板*铬钼钢板		吨	100	1200.00	120000.00	13%	156000.00
合计					¥120000.00		¥156000.00
价税合计（大写）	⊗壹佰叁拾伍万陆仟元整				（小写）¥1356000.00		

销售方	名　　称：武汉华明钢铁有限责任公司 纳税人识别号：914201063252637232 地 址、电 话：武汉市武昌区小东门华中村64号 027-88166768 开户行及账号：中国工商银行武昌支行 6222020019236762321	备注	武汉华明钢铁有限责任公司 914201063252637232 发票专用章

收款人：　　复核：　　开票人：苏云　　销售方：（章）

第二联：抵扣联　购买方扣税凭证

单据 2-1-6-2

湖北增值税专用发票

4201174130　　№ 28038261　　4201174130 28038261

发票联

校验码 12891 33134 92703 73595　　开票日期：2020年05月20日

购买方	名　　称：武汉秋华机械有限责任公司 纳税人识别号：914201063003567270 地 址、电 话：武汉市武昌区黄鹤楼888# 027-87390827 开户行及账号：工商银行紫阳支行 6210202000202456666	密码区	-65745<19458<38404817002345 5/37503848*7>234504>-007823 2//5>*8574567-7<8*873000007 <413-3001152-/7142>>8222461

货物或应税劳务、服务名称	规格型号	单位	数量	单价	金额	税率	税额
*钢板*铬钼钢板		吨	100	1200.00	120000.00	13%	156000.00
合计					¥120000.00		¥156000.00
价税合计（大写）	⊗壹佰叁拾伍万陆仟元整				（小写）¥1356000.00		

销售方	名　　称：武汉华明钢铁有限责任公司 纳税人识别号：914201063252637232 地 址、电 话：武汉市武昌区小东门华中村64号 027-88166768 开户行及账号：中国工商银行武昌支行 6222020019236762321	备注	武汉华明钢铁有限责任公司 914201063252637232 发票专用章

收款人：　　复核：　　开票人：苏云　　销售方：（章）

第三联：发票联　购买方记账凭证

单据 2-1-6-3

入　库　单

2020 年 05 月 20 日　　单号 30583900

交来单位及部门	武汉华明钢铁有限责任公司	验收仓库	材料库	入库日期	2020-05-20	
编号	名称及规格	单位	数量		实际价格	
			交库	实收	单价	金额
B001	铬钼钢板	吨	100	100	12000.00	1200000.00
	合　　计					¥1200000.00

财务经理：　　仓库主管：　　经办人：　　制单人：郭晶晶

财务联

单据 2-1-7-1

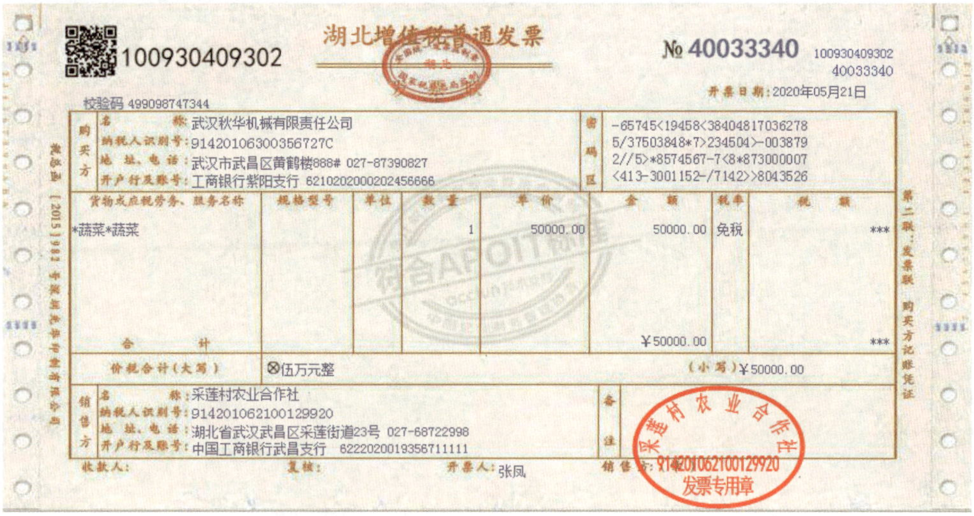
100930409302 湖北增值税普通发票 № 40033340 100930409302 40033340

发票联

开票日期：2020年05月21日

校验码 499098747344

购买方		密码区	
名称：	武汉秋华机械有限责任公司		-65745<19458<38404817036278
纳税人识别号：	91420106300356727C		5/37503848*7>234504>-003879
地址、电话：	武汉市武昌区黄鹤楼888# 027-87390827		2//5>*8574567-7<8*873000007
开户行及账号：	工商银行紫阳支行 6210202000202456666		<413-3001152-/7142>>8043526

货物或应税劳务、服务名称	规格型号	单位	数量	单价	金额	税率	税额
*蔬菜*蔬菜			1	50000.00	50000.00	免税	***
合计					¥50000.00		***
价税合计（大写）	⊗伍万元整				（小写）¥50000.00		

销售方		备注
名称：	采莲村农业合作社	
纳税人识别号：	914201062100129920	
地址、电话：	湖北省武汉武昌区采莲街道23号 027-68722998	
开户行及账号：	中国工商银行武昌支行 6222020019356711111	

收款人：　复核：　开票人：张凤　销售方：（章）

第二联：发票联 购买方记账凭证

采莲村农业合作社 914201062100129920 发票专用章

单据 2-1-7-2

中国工商银行
现金支票存根
30909320
20617230
附加信息
出票日期 2020年05月21日
收款人：采莲村农业合作社
金额：¥50000.00
用途：5月农产品
单位主管　会计
上海金达证券印制有限公司·2012年印制

单据 2-1-8-1

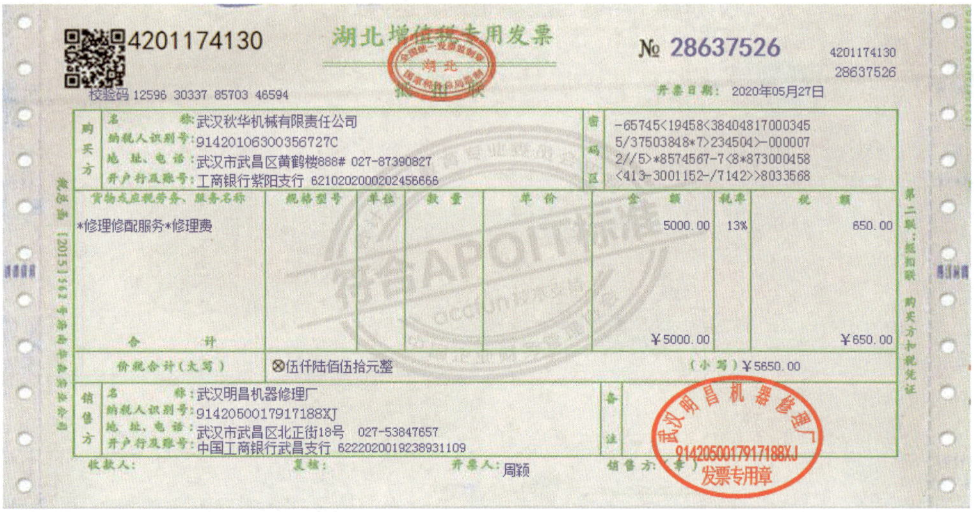
4201174130 湖北增值税专用发票 № 28637526 4201174130 28637526

抵扣联

开票日期：2020年05月27日

校验码 12596 30337 85703 46594

购买方		密码区	
名称：	武汉秋华机械有限责任公司		-65745<19458<38404817000345
纳税人识别号：	91420106300356727C		5/37503848*7>234504>-000007
地址、电话：	武汉市武昌区黄鹤楼888# 027-87390827		2//5>*8574567-7<8*873000458
开户行及账号：	工商银行紫阳支行 6210202000202456666		<413-3001152-/7142>>8033568

货物或应税劳务、服务名称	规格型号	单位	数量	单价	金额	税率	税额
*修理修配服务*修理费					5000.00	13%	650.00
合计					¥5000.00		¥650.00
价税合计（大写）	⊗伍仟陆佰伍拾元整				（小写）¥5650.00		

销售方		备注
名称：	武汉明昌机器修理厂	
纳税人识别号：	9142050017917188XJ	
地址、电话：	武汉市武昌区北正街18号 027-53847657	
开户行及账号：	中国工商银行武昌支行 6222020019238931109	

收款人：　复核：　开票人：周颖　销售方：（章）

第二联：抵扣联 购买方扣税凭证

武汉明昌机器修理厂 9142050017917188XJ 发票专用章

单据 2－1－8－2

4201174130　　**湖北增值税专用发票**　　№ 28637526　　4201174130　28637526

发 票 联

校验码 12596 30337 85703 46594　　开票日期：2020年05月27日

购买方	名　　称：武汉秋华机械有限责任公司 纳税人识别号：91420106300356727C 地 址、电 话：武汉市武昌区黄鹤楼888# 027-87390827 开户行及账号：工商银行紫阳支行 6210202000202456666	密码区	-65745<19458<38404817000345 5/37503848*7>234504>-000007 2//5>*8574567-7<8*873000458 <413-3001152-/7142>>8033568

货物或应税劳务、服务名称	规格型号	单位	数量	单价	金额	税率	税额
*修理修配服务*修理费					5000.00	13%	650.00
合　　计					¥5000.00		¥650.00
价税合计（大写）	⊗伍仟陆佰伍拾元整				（小写）¥5650.00		

销售方	名　　称：武汉明昌机器修理厂 纳税人识别号：9142050017917188XJ 地 址、电 话：武汉市武昌区北正街18号　027-53847657 开户行及账号：中国工商银行武昌支行 6222020019238931109	备注	（印章：武汉明昌机器修理厂 9142050017917188XJ 发票专用章）

收款人：　　复核：　　开票人：周颖　　销售方：（章）

第三联：发票联　购买方记账凭证

单据 2－1－8－3

中国工商银行
转账支票存根
30904212
23560985

附加信息

出票日期 2020 年 05 月 27 日

收款人：武汉明昌机器修理

金　额：¥5650.00

用　途：修理费

单位主管　　会计

上海金达证券印制有限公司・2012 年印制

单据 2－1－9－1

4201174130　　**湖北增值税专用发票**　　№ 28645743　　4201174130　28645743

抵 扣 联

校验码 12891 30137 92703 71596　　开票日期：2020年05月28日

购买方	名　　称：武汉秋华机械有限责任公司 纳税人识别号：91420106300356727C 地 址、电 话：武汉市武昌区黄鹤楼888# 027-87390827 开户行及账号：工商银行紫阳支行 6210202000202456666	密码区	-65745<19458<38404817000346 5/37503848*7>234504>-006789 2//5>*8574567-7<8*873000007 <413-3001152-/7142>>8056353

货物或应税劳务、服务名称	规格型号	单位	数量	单价	金额	税率	税额
*建筑服务*车间房屋修缮费					50000.00	9%	4500.00
合　　计					¥50000.00		¥4500.00
价税合计（大写）	⊗伍万肆仟伍佰元整				（小写）¥54500.00		

销售方	名　　称：武汉豪江装修装饰工程有限公司 纳税人识别号：91420106MA4KMKWX2D 地 址、电 话：武汉市武昌区积衡州大街世茂首府6栋 027-53846658 开户行及账号：中国工商银行武昌支行 6222020019232378189	备注	（印章：武汉豪江装修装饰工程有限公司 91420106MA4KMKWX2D 发票专用章）

收款人：　　复核：　　开票人：张瑶　　销售方：（章）

第二联：抵扣联　购买方扣税凭证

单据 2-1-9-2

4201174130 **湖北增值税专用发票** № 28645743

4201174130
28645743

校验码 12891 30137 92703 71596　　　　开票日期：2020年05月28日

购买方	名　　称：武汉秋华机械有限责任公司 纳税人识别号：91420106300356727C 地 址、电 话：武汉市武昌区黄鹤楼888# 027-87390827 开户行及账号：工商银行紫阳支行 6210202000202456666	密码区	-65745<19458<38404817000346 5/37503848*7>234504>-006789 2//5>*8574567-7<8*873000007 <413-3001152-/7142>>8056353

货物或应税劳务、服务名称	规格型号	单位	数量	单价	金额	税率	税额
*建筑服务*车间房屋修缮费					50000.00	9%	4500.00
合　　计					¥50000.00		¥4500.00
价税合计（大写）	⊗伍万肆仟伍佰元整				（小写）¥54500.00		

销售方	名　　称：武汉豪江装修装饰工程有限公司 纳税人识别号：91420106MA4KMKWX2D 地 址、电 话：武汉市武昌区积衡州大街世茂首府6栋 027-53846658 开户行及账号：中国工商银行武昌支行 6222020019232378189	备注	武汉豪江装修装饰工程有限公司 91420106MA4KMKWX2D 发票专用章

收款人：　　复核：　　开票人：张瑶　　销售方：（章）

第三联：发票联　购买方记账凭证

税总函〔2015〕561号华南印华盈实业公司

单据 2-1-9-3

中国工商银行
现金支票存根
30904212
23560986

附加信息

出票日期 2020年05月28日

收款人：武汉豪江装修装饰工程有限公司

金　额：¥54500.00

用　途：车间房屋修缮费

单位主管　　会计

上海金达证券印制有限公司·2012年印制

单据 2-1-10-1

3100174130 **上海增值税专用发票** № 28167354

3100174130
28167354

校验码 12891 30137 92703 75574　　　　开票日期：2020年05月20日

购买方	名　　称：武汉秋华机械有限责任公司 纳税人识别号：91420106300356727C 地 址、电 话：武汉市武昌区黄鹤楼888# 027-87390827 开户行及账号：工商银行紫阳支行 6210202000202456666	密码区	-65745<19458<38404817067893 5/37503848*7>234504>-000006 2//5>*8574567-7<8*873006789 <413-3001152-/7142>>8025378

货物或应税劳务、服务名称	规格型号	单位	数量	单价	金额	税率	税额
*住宿服务*住宿费		天	10	500.00	5000.00	6%	300.00
合　　计					¥5000.00		¥300.00
价税合计（大写）	⊗伍仟叁佰元整				（小写）¥5300.00		

销售方	名　　称：上海宝居酒店管理有限公司 纳税人识别号：91310112694207956B 地 址、电 话：上海市闵行区元江路5500号 021-88362736 开户行及账号：中国工商银行徐汇支行 6222020017353579232	备注	上海宝居酒店管理有限公司 9191310112694207956B 发票专用章

收款人：　　复核：　　开票人：刘思思　　销售方：（章）

第二联：抵扣联　购买方扣税凭证

税总函〔2015〕561号华南印华盈实业公司

单据 2－1－10－2

3100174130　　**上海增值税专用发票**　　№ 28167354　　3100174130　28167354

发票联

校验码 12891 30137 92703 75574　　开票日期：2020年05月20日

购买方	名　　称：武汉秋华机械有限责任公司 纳税人识别号：91420106300356727C 地 址、电 话：武汉市武昌区黄鹤楼888# 027-87390827 开户行及账号：工商银行紫阳支行 6210202000202456666			密码区	-65745<19458<38404817067893 5/37503848*7>234504>-000006 2//5>*8574567-7<8*873006789 <413-3001152-/7142>>8025378		
货物或应税劳务、服务名称	规格型号	单位	数量	单价	金额	税率	税额
*住宿服务*住宿费		天	10	500.00	5000.00	6%	300.00
合　　计					¥5000.00		¥300.00
价税合计（大写）	⊗伍仟叁佰元整				（小写）¥5300.00		
销售方	名　　称：上海宝居酒店管理有限公司 纳税人识别号：91310112694207956B 地 址、电 话：上海市闵行区元江路5500号 021-88362736 开户行及账号：中国工商银行徐汇支行 6222020017353579232			备注	上海宝居酒店管理有限公司 91913101126942079568 发票专用章		

收款人：　　复核：　　开票人：刘思思　　销售方：（章）

税总函〔2015〕562号海南华森实业公司

第三联：发票联　购买方记账凭证

单据 2－1－10－3

差旅费报销单　　现金付讫

2020 年 05 月 26 日　　单据及附件共3 张

所属部门				销售部	姓名	李欢欢	出差事由	开拓市场
出发		到达		起止地点	交通费	住宿费	伙食费	其他
月	日	月	日					
05	10	05	10	武昌—上海	900.00	5,300.00		500.00
武昌	20	05	20	上海—武昌	920.00			
					1,820.00	5,300.00		500.00
合计	大写金额：柒仟陆佰贰拾元整			¥7,620.00	预支旅费	5,000.00	退回金额	0.00
							补付金额	2,620.00

总经理：　　财务经理：　　会计：　　出纳：　　部门经理：王立军　　报销人：李欢欢

单据 2－1－10－4

航空运输电子客票行程单

ITINERARY/RECEIPT OF E-TICKET FOR AIR TRANSPORT

印刷序号：2183242001
SERIAL NUMBER:

旅客姓名 NAME OF PASSENGER		有效身份证件号码 ID.NO.			签注 ENDORSEMENTS/RESTRICTIONS (CARBON)			
李欢欢		110212637253726372			不得签转改退收费			
	承运人 CARRIER	航班号 FLIGHT	座位等级 CLASS	日期 DATE	时间 TIME	客票级别/客票类别 FARE BASIS	客票生效日期 NOTVALID BEFORE	有效截止日期 NOTVALID AFTER	免费行李 ALLOW
自 FROM 武汉	AF-0911			2020-05-10	17:00	RPR10			20KG
至 TO 上海	VOID								
至 TO									
至 TO									
至 TO	票价 FARE CNY 850.00		机场建设费 AIRPORT TAX CN 50.00		燃油附加费 FUEL SURCHARGE YQ EXEMPT	其他税费 OTHER TAXES	合计 TOTAL CNY 900.00		

电子客票号码 E-TICKETNO. 1378763544232　　验证码 CK. 8002　　提示信息 INFORMATION　　保险费 INSURANCE

销售单位代号 AGENTCODE. GZ004216320001　　填开单位 ISSUEDBY 中国南方航空股份有限公司　　填开日期 DATE OF ISSUE 2020-05-10

验真网址：WWW.TRAVELSKY.COM　服务热线：400-815-8888　短信验真：发送JP至10669018

请旅客乘机前认真阅读《旅客须知》及承运人的运输总条件内容
The Important Notice and the general conditions of carriage must be read before travelling.

付款凭证 RECEIPT　手写无效 INVALID IN HANDWRITING

单据 2－1－10－5

航空运输电子客票行程单
ITINERARY/RECEIPT OF E-TICKET FOR AIR TRANSPORT

印刷序号：2183242002 SERIAL NUMBER:

旅客姓名 NAME OF PASSENGER	有效身份证件号码 ID.NO.	签注 ENDORSEMENTS/RESTRICTIONS (CARBON)
李欢欢	110212637253726372	不得签转改退收费

	承运人 CARRIER	航班号 FLIGHT	座位等级 CLASS	日期 DATE	时间 TIME	客票级别/客票类别 FARE BASIS	客票生效日期 NOTVALID BEFORE	有效截止日期 NOTVALID AFTER	免费行李 ALLOW
自 FROM 上海	AF-8181			2020-05-20	16:00	RPR10			20KG
至 TO 武汉	VOID								
至 TO									
至 TO									
至 TO									

票价 FARE	机场建设费 AIRPORT TAX	燃油附加费 FUEL SURCHARGE	其他税费 OTHER TAXES	合计 TOTAL
CNY 870.00	CN 50.00	YQ EXEMPT		CNY 920.00

电子客票号码 E-TICKETNO. 1378763546278　验证码 CK. 8025　提示信息 INFORMATION　保险费 INSURANCE

销售单位代号 AGENTCODE. GZ004216320018　填开单位 ISSUEDBY 中国东方航空有限公司　填开日期 DATE OF ISSUE 2020-05-20

验真网址：WWW.TRAVELSKY.COM　服务热线：400-815-8888　短信验真：发送JP至10669018

请旅客乘机前认真阅读《旅客须知》及承运人的运输总条件内容
The Important Notice and the general conditions of carriage must be read before travelling.

付款凭证 RECEIPT　手写无效 INVALID IN HANDWRITING

（印章：中国民航电子客票行程单 发票专用章）

单据 2－1－11－1

GS01

海关　进口关税　专用缴款书

收入系统：海关系统　填发日期：2020年05月23日　号码 No.

收款单位			缴款单位(人)	
收入机关	中央金库		名　称	武汉秋华机械有限责任公司
科　目		预算级次	帐　号	6210202000202456666
收款国库			开户银行	工商银行紫阳支行

税　号	货 物 名 称	数　量	单位	完税价格(￥)	税率(%)	税款金额(￥)
	焊装机器人	1	件	300000.00	10%	30000.00
金额人民币(大写) 叁万元整					合计(￥)	30000.00

				填制单位	收款国库(银行)
申请单位编号		报关单编号			
合同(批文)号		运输工具(号)			
缴款期限	2020年05月25日前	提/装货单号		制单人(04)	
备注	一般征税 USD1=CNY6.20 国际代码			复核人	

（印章：中华人民共和国武汉海关 单证专用章；工商银行紫阳支行 2020.05.23 业务专用章）

第一联：(收据) 国库收款签章后交缴款单位或缴纳人

从填发缴款书之日起限15日内缴纳(期末遇法定节假日顺延)，逾期按日征收税款总额万分之五的滞纳金。

单据 2－1－11－2

GS01

海关 代征增值税 专用缴款书

收入系统：海关系统　　填发日期：2020年 05月 23日　　号码 No.

收款单位			缴款单位（人）	
收入机关	中央金库		名称	武汉秋华机械有限责任公司
科目		预算级次	帐号	6210202000202456666
收款国库			开户银行	工商银行紫阳支行

税号	货物名称	数量	单位	完税价格（¥）	税率（%）	税款金额（¥）
	甲材料	1	件	330000.00	13%	42900.00
金额人民币（大写）	肆万贰仟玖佰元整				合计（¥）	42900.00

				填制单位	收款国库（银行）
申请单位编号		报关单编号		中华人民共和国武汉海关 单证专用章	工商银行紫阳支行 2020.05.23 业务专用章
合同（批文）号		运输工具（号）		制单人 (04)	
缴款期限	2020年05月25日前	提/装货单号		复核人	
备注	一般征税 USD1=CNY6.2 国际代码				

第一联：（收据）国库收款签章后交缴款单位或缴纳人

从填发缴款书之日起限15日内缴纳（期末遇法定节假日顺延），逾期按日征收税款总额万分之五的滞纳金。

单据 2－1－11－3

中国工商银行
转账支票存根

30904223
20336701

附加信息

出票日期 2020 年 05 月 23 日

收款人：武汉海关

金　额：¥72900.00

用　途：进口税费

单位主管　　会计

上海金达证券印制有限公司・2012 年印制

单据 2－1－11－4

固定资产交接（验收）单

2020 年 05 月 23 日

编号	名称	规格	型号	计量单位	数量	建造单位		备注
D001	焊装机器人		OJDL-22	太	1	2020-05-23		
总价	买价	安装费	运杂费	包装费	其他	原值	预计年限	净残值率
	330000.00						20	10%
用途	生产用		使用部门		生产部门		已提折旧	0
验收意见		合格。		验收人签章		王子阳		

财务主管：　　　　制单：　　　　复核：

单据 2－1－12－1

中华人民共和国
税收通用完税证

注册类型：有限责任公司　　填发日期：2020 年 05 月 10 日　　征收机关：武汉市税务局　　No:02558712

纳税人代码	91420106300356727C		地　址	武汉市武昌区白沙洲大道888号	
纳税人名称	武汉秋华机械有限责任公司		税款所属期	20200501-20200531	

税种	品目名称	计税金额、销售收入或课税数量	税率或单位税额	已缴或扣除额	实缴税额
增值税		1000000.00	6%		60000.00
金额合计	（大写）人民币陆万元整				¥60000.00

税收机关 01号（盖章）	委托代征单位（盖章）	填票人 张雨（章）	备注

印章：武汉市税务局 征税专用章；工商银行紫阳支行 业务专用章（1）

（打印有效，手写开票无效）

第二联（收据）交纳税人作完税凭证

单据 2－1－12－2

中国工商银行
转账支票存根

30904223
20336702

附加信息

出票日期 2020 年 05 月 10 日

收款人：武汉市税务局

金　额：¥60000.00

用　途：代扣代缴增值税

单位主管　　会计

上海金达证券印制有限公司 · 2012 年印制

单据 2－1－12－3

电汇凭证

币别：人民币　　2020 年 05月 20日　　流水号：

汇款方式		☐普通　☑加急			
汇款人	全　称	武汉秋华机械有限责任公司	收款人	全　称	澳大利亚Hicks Butchery Ltd.
	账　号	6210202000202456666		账　号	510202566202123788
	汇出行名称	工商银行紫阳支行		汇入行名称	commonwealth bank
金额	（大写）壹佰万元整			亿千百十万千百十元角分	¥100000000

支付密码 2022-2930-2298-2932

附加信息及用途：技术服务

印章：工商银行紫阳支行 业务专用章（1）

客户签章

会计主管 张月　　授权 陈莉莉　　复核　　录入

第二联 客户回单

单据 2－1－13－1

4201174130　　**湖北增值税专用发票**　　№ 28716453　　4201174130 28716453

抵扣联

校验码 12891 30137 92703 75594　　开票日期：2020年05月10日

购买方	
名　　称：	武汉秋华机械有限责任公司
纳税人识别号：	91420106300356727C
地 址、电 话：	武汉市武昌区黄鹤楼888# 027-87390827
开户行及账号：	工商银行紫阳支行 6210202000202456666

密码区：-65745<19458<38404817000234 5/37503848*7>234504>-000006 2//5>*8574567-7<8*873000007 <413-3001152-/7142>>8043336

货物或应税劳务、服务名称	规格型号	单位	数量	单价	金额	税率	税额
*包装设备*F91设备		台	1	200000.00	200000.00	13%	26000.00
合　　计					¥200000.00		26000.00
价税合计（大写）	⊗贰拾贰万陆仟元整				（小写）¥226000.00		

销售方	
名　　称：	武汉长江设备有限公司
纳税人识别号：	914201063546246372
地 址、电 话：	武汉市武昌区千家街30号 027-88060077
开户行及账号：	中国工商银行武昌支行 6222020019034297823

备注：

收款人：　　复核：　　开票人：李祥　　销售方：（章）

税总函〔2015〕562号海南华森实业公司

第二联：抵扣联　购买方扣税凭证

单据 2－1－13－2

4201174130　　**湖北增值税专用发票**　　№ 28716453　　4201174130 28716453

发票联

校验码 12891 30137 92703 75594　　开票日期：2020年05月10日

购买方	
名　　称：	武汉秋华机械有限责任公司
纳税人识别号：	91420106300356727C
地 址、电 话：	武汉市武昌区黄鹤楼888# 027-87390827
开户行及账号：	工商银行紫阳支行 6210202000202456666

密码区：-65745<19458<38404817000234 5/37503848*7>234504>-000006 2//5>*8574567-7<8*873000007 <413-3001152-/7142>>8043336

货物或应税劳务、服务名称	规格型号	单位	数量	单价	金额	税率	税额
*包装设备*F91设备		台	1	200000.00	200000.00	13%	26000.00
合　　计					¥200000.00		26000.00
价税合计（大写）	⊗贰拾贰万陆仟元整				（小写）¥226000.00		

销售方	
名　　称：	武汉长江设备有限公司
纳税人识别号：	914201063546246372
地 址、电 话：	武汉市武昌区千家街30号 027-88060077
开户行及账号：	中国工商银行武昌支行 6222020019034297823

备注：

收款人：　　复核：　　开票人：李祥　　销售方：（章）

税总函〔2015〕562号海南华森实业公司

第三联：发票联　购买方记账凭证

单据 2－1－13－3

中国工商银行
转账支票存根
30904220
20347871

附加信息

出票日期2020年05月10日

收款人：	武汉长江设备有限公司
金　额：	¥226000.00
用　途：	支付设备费用

单位主管　　会计

上海金达证券印制有限公司·2012年印制

单据 2－1－13－4

固定资产验收单

2020 年 05 月 10 日

资产编号	001	资产名称	F91设备	型号规格	
供应商名称	武汉长江设备有限公司				
建造日期	2020年05月10日	竣工日期	2020年05月10日		
金额大写	贰拾万元整	小写	¥200000.00		
验收结果	合格	验收日期	2020年05月10日		
采购部门	采购部	资产管理人	周月		
使用部门	生产部	财务审核	高捷		
备注：					

单据 2－1－14－1

4201174130

湖北增值税专用发票

抵扣联

№ 28643536　　4201174130　28643536

校验码 12851 35137 92703 71594

开票日期：2020年05月05日

购买方 名称：	武汉秋华机械有限责任公司
纳税人识别号：	91420106300356727C
地址、电话：	武汉市武昌区黄鹤楼888# 027-87390827
开户行及账号：	工商银行紫阳支行 6210202000202456666

密码区：
-65745<19458<38404817000026
5/37503848*7>234504>-078893
2//5>*8574567-7<8*873000007
<413-3001152-/7142>>85243188

货物或应税劳务、服务名称	规格型号	单位	数量	单价	金额	税率	税额
*不动产*A办公楼（武汉市武昌不动产权第013870号）		m²			100000000.00	9%	9000000.00
合计					¥100000000.00		¥9000000.00
价税合计（大写）	⊗壹亿零九仟万元整				（小写）¥109000000.00		

销售方 名称：	黄海房产有限公司
纳税人识别号：	914201063546354372
地址、电话：	武汉市武昌区解放路45号 027-88064378
开户行及账号：	中国工商银行武昌支行 6222020019232369004

备注：办公楼地址：武汉市武昌区洪山路79号

收款人：　　复核：　　开票人：林小海　　销售方：（章）

黄海房产有限公司 914201063546354372 发票专用章

税总函[2015]562号海南华森实业公司

第二联：抵扣联 购买方扣税凭证

单据 2－1－14－2

4201174130　　　　**湖北增值税专用发票**　　　　№ 28643536　　4201174130　28643536

发票联

校验码 12851 35137 92703 71594　　　　开票日期：2020年05月05日

购买方	名　　称：武汉秋华机械有限责任公司 纳税人识别号：91420106300356727C 地 址、电 话：武汉市武昌区黄鹤楼888# 027-87390827 开户行及账号：工商银行紫阳支行 6210202000202456666	密码区	-65745<19458<38404817000026 5/37503848*7>234504>-078893 2//5>*8574567-7<8*873000007 <413-3001152-/7142>>85243188

货物或应税劳务、服务名称	规格型号	单位	数量	单价	金额	税率	税额
*不动产*A办公楼（武汉市武昌不动产权第013870号）		m²			100000000.00	9%	9000000.00
合　　计					¥100000000.00		¥9000000.00
价税合计（大写）	⊗壹亿零九仟万元整				（小写）¥109000000.00		

销售方	名　　称：黄海房产有限公司 纳税人识别号：914201063546354372 地 址、电 话：武汉市武昌区解放路45号 027-88064378 开户行及账号：中国工商银行武昌支行 6222020019232369004	备注	办公楼地址：武汉市武昌区洪山路79号

收款人：　　复核：　　开票人：林小海　　销售方：（章）

（印章：黄海房产有限公司 914201063546354372 发票专用章）

税总函［2015］1561号海南华森实业公司

第三联：发票联　购买方记账凭证

单据 2－1－14－3

中国工商银行
转账支票存根
30904223
32409101

附加信息

出票日期2020年05月05日
收款人：黄海房产有限公司
金　额：¥109000000.00
用　途：购买办公楼

单位主管　　会计

上海全达证券印制有限公司 · 2012 年印制

单据 2－1－14－4

固定资产验收单

2020 年 05 月 05 日

资产编号	Y003	资产名称	永华大厦	型号规格	
供应商名称	黄海房产有限公司				
建造日期	2020年05月05日	竣工日期	2020年05月05日		
金额大写	壹亿元整	小写	¥100000000.00		
验收结果	合格	验收日期	2020年05月05日		
采购部门	采购部	资产管理人	王颇		
使用部门	行政部	财务审核	周源		
备注：					

单据 2－1－15－1

出 库 单

出货单位：　　　　2020 年 05 月 10 日　　　　单号：

提货单位或领货部门	工程部	销售单号	005	发出仓库	材料库	出库日期	2020-05-10

编号	名称及规格	单位	数量 应发	数量 实发	单价	金额	备注
A004	螺纹钢	千克	10000	10000	1,000.00	10,000,000.00	用于仓库建造工程
合计							

会计联

部门经理：　　会计：　　仓库：　　经办人：

单据 2－1－15－2

4201174130　　**湖北增值税专用发票**　　№ 56846855　　4201174130 56846855

抵扣联

校验码 12891 30437 92703 71794　　开票日期：2020年02月01日

购买方	名称：武汉秋华机械有限责任公司 纳税人识别号：91420106300356727C 地址、电话：武汉市武昌区黄鹤楼888# 027-87390827 开户行及账号：工商银行紫阳支行 6210202000202456666	密码区	-65745<19458<38404817007834 5/37503848*7>234504>-000345 2//5>*8574567-7<8*873000007 <413-3001152-/7142>>8356758

货物或应税劳务、服务名称	规格型号	单位	数量	单价	金额	税率	税额
*金属制品*螺纹钢					10000000.00	13%	1300000.00
合　　计					￥10000000.00		￥1300000.00
价税合计（大写）	⊗壹仟壹佰叁拾万元整				（小写）￥11300000.00		

销售方	名称：黄海市物资公司 纳税人识别号：914201063120327423 地址、电话：武汉市武昌区和平大道268号 027-88226566 开户行及账号：中国工商银行武昌支行 6222020019343478233	备注	

收款人：　　复核：　　开票人：谢秋萍　　销售方：（章）

第二联：抵扣联 购买方扣税凭证

税总函〔2015〕562号海南华森实业公司

单据 2－1－15－3

4201174130　　**湖北增值税专用发票**　　№ 56846855　　4201174130 56846855

发票联

校验码 12891 30437 92703 71794　　开票日期：2020年02月01日

购买方	名称：武汉秋华机械有限责任公司 纳税人识别号：91420106300356727C 地址、电话：武汉市武昌区黄鹤楼888# 027-87390827 开户行及账号：工商银行紫阳支行 6210202000202456666	密码区	-65745<19458<38404817007834 5/37503848*7>234504>-000345 2//5>*8574567-7<8*873000007 <413-3001152-/7142>>8356758

货物或应税劳务、服务名称	规格型号	单位	数量	单价	金额	税率	税额
*金属制品*螺纹钢					10000000.00	13%	1300000.00
合　　计					￥10000000.00		￥1300000.00
价税合计（大写）	⊗壹仟壹佰叁拾万元整				（小写）￥11300000.00		

销售方	名称：黄海市物资公司 纳税人识别号：914201063120327423 地址、电话：武汉市武昌区和平大道268号 027-88226566 开户行及账号：中国工商银行武昌支行 6222020019343478233	备注	

收款人：　　复核：　　开票人：谢秋萍　　销售方：（章）

第三联：发票联 购买方记账凭证

税总函〔2015〕562号海南华森实业公司

单据 2-1-16-1

湖北增值税专用发票

抵扣联

4201174130　　№ 28643537　　4201174130 28643537

校验码 12851 35137 93503 73627　　开票日期：2018年05月01日

购买方	名称：武汉秋华机械有限责任公司 纳税人识别号：91420106300356727C 地址、电话：武汉市武昌区黄鹤楼888# 027-87390827 开户行及账号：工商银行紫阳支行 6210202000202456666	密码区	-65745<19458<38404817000006 5/37503848*7>234504>-003782 2//5>*8574567-7<8*873000007 <413-3001152-/7142>>8246778

货物或应税劳务、服务名称	规格型号	单位	数量	单价	金额	税率	税额
*不动产*B办公楼（武汉市武昌不动产权第023892号）		m²			12000000.00	10%	1200000.00
合计					￥12000000.00		￥1200000.00
价税合计（大写）	⊗壹仟叁佰贰拾万元整				（小写）￥13200000.00		

销售方	名称：黄海房产有限公司 纳税人识别号：914201063546354372 地址、电话：武汉市武昌区解放路45号 027-88064378 开户行及账号：中国工商银行武昌支行 6222020019232369004	备注	办公楼地址：武汉市武昌区解放路211号

收款人：　　复核：　　开票人：林小海　　销售方：（章）

第二联：抵扣联　购买方扣税凭证

税总函〔2015〕563号海南华森实业公司

（印章：黄海房产有限公司 914201063546354372 发票专用章）

单据 2-1-16-2

湖北增值税专用发票

发票联

4201174130　　№ 28643537　　4201174130 28643537

校验码 12851 35137 93503 73627　　开票日期：2018年05月01日

购买方	名称：武汉秋华机械有限责任公司 纳税人识别号：91420106300356727C 地址、电话：武汉市武昌区黄鹤楼888# 027-87390827 开户行及账号：工商银行紫阳支行 6210202000202456666	密码区	-65745<19458<38404817000006 5/37503848*7>234504>-003782 2//5>*8574567-7<8*873000007 <413-3001152-/7142>>8246778

货物或应税劳务、服务名称	规格型号	单位	数量	单价	金额	税率	税额
*不动产*B办公楼（武汉市武昌不动产权第023892号）		m²			12000000.00	10%	1200000.00
合计					￥12000000.00		￥1200000.00
价税合计（大写）	⊗壹仟叁佰贰拾万元整				（小写）￥13200000.00		

销售方	名称：黄海房产有限公司 纳税人识别号：914201063546354372 地址、电话：武汉市武昌区解放路45号 027-88064378 开户行及账号：中国工商银行武昌支行 6222020019232369004	备注	办公楼地址：武汉市武昌区解放路211号

收款人：　　复核：　　开票人：林小海　　销售方：（章）

第三联：发票联　购买方记账凭证

税总函〔2015〕563号海南华森实业公司

（印章：黄海房产有限公司 914201063546354372 发票专用章）

单据 2-1-16-3

固定资产调拨单

2020年05月31日

移交单位	办公室	接受单位	食堂
固定资产名称	办公楼	规格	
附属物		数量	1
建造单位	黄海房产公司	购进年月	2018年05月01日
原值	￥12000000.00	折旧年限	20
移交单位负责人		接受单位负责人	

财务主管：张文　　复核：贺东　　制单：毛燕

单据 2－1－17－1

4201174130　　**湖北增值税专用发票**　　№ 28435743　　4201174130 28435743

抵扣联

校验码 12891 30137 92703 74734　　　　开票日期：2020年05月13日

购买方	名　　称：武汉秋华机械有限责任公司 纳税人识别号：91420106300356727C 地 址、电 话：武汉市武昌区黄鹤楼888# 027-87390827 开户行及账号：工商银行紫阳支行 6210202000202456666			密码区	-65745<19458<38404817037490 5/37503848*7>234504>-003768 2//5>*8574567-7<8*873000007 <413-3001152-/7142>>8347424		
货物或应税劳务、服务名称	规格型号	单位	数量	单价	金额	税率	税额
*信息技术服务*设备技术维护费			1	264.15	264.15	6%	15.85
合　　计					¥264.15		¥15.85
价税合计（大写）	⊗贰佰捌拾元整				（小写）¥280.00		
销售方	名　　称：武汉航天信息股份有限公司 纳税人识别号：914201063475285374 地 址、电 话：武汉市武昌区解放路338号5环峰商业广场4楼 027-88733278 开户行及账号：中国工商银行武昌支行 6222020019363623622			备注			

收款人：　　复核：　　开票人：周月平　　销售方：（章）

税总函[2015]562号海南华森实业公司

第二联：抵扣联　购买方扣税凭证

单据 2－1－17－2

4201174130　　**湖北增值税专用发票**　　№ 28435743　　4201174130 28435743

发票联

校验码 12891 30137 92703 74734　　　　开票日期：2020年05月13日

购买方	名　　称：武汉秋华机械有限责任公司 纳税人识别号：91420106300356727C 地 址、电 话：武汉市武昌区黄鹤楼888# 027-87390827 开户行及账号：工商银行紫阳支行 6210202000202456666			密码区	-65745<19458<38404817037490 5/37503848*7>234504>-003768 2//5>*8574567-7<8*873000007 <413-3001152-/7142>>8347424		
货物或应税劳务、服务名称	规格型号	单位	数量	单价	金额	税率	税额
*信息技术服务*设备技术维护费			1	264.15	264.15	6%	15.85
合　　计					¥264.15		¥15.85
价税合计（大写）	⊗贰佰捌拾元整				（小写）¥280.00		
销售方	名　　称：武汉航天信息股份有限公司 纳税人识别号：914201063475285374 地 址、电 话：武汉市武昌区解放路338号5环峰商业广场4楼 027-88733278 开户行及账号：中国工商银行武昌支行 6222020019363623622			备注			

收款人：　　复核：　　开票人：周月平　　销售方：（章）

税总函[2015]562号海南华森实业公司

第三联：发票联　购买方记账凭证

单据 2－1－17－3

4201174130　　湖北增值税专用发票　　№ 28435742　　4201174130 28435742

抵扣联

校验码 12891 30137 92703 74734　　开票日期：2020年05月13日

购买方	名称：武汉秋华机械有限责任公司 纳税人识别号：91420106300356727C 地址、电话：武汉市武昌区黄鹤楼888# 027-87390827 开户行及账号：工商银行紫阳支行 6210202000202456666			密码区	-65745<19458<38404817037490 5/37503848*7>234504>-003768 2//5>*8574567-7<8*873000007 <413-3001152-/7142>>8347424		
货物或应税劳务、服务名称	规格型号	单位	数量	单价	金额	税率	税额
*税控设备*增值税税控系统设备			1	176.99	176.99	13%	23.01
合计					¥176.99		¥23.01
价税合计（大写）	⊗贰佰元整				（小写）¥200.00		
销售方	名称：武汉航天信息股份有限公司 纳税人识别号：914201063475285374 地址、电话：武汉市武昌区解放路338号5环峰商业广场4楼 027-88733278 开户行及账号：中国工商银行武昌支行 6222020019363623622			备注			

收款人：　　复核：　　开票人：周月平　　销售方：（章）

税总函［2015］1562号海南华森实业公司

第二联：抵扣联　购买方扣税凭证

（印章：全国统一发票监制章 湖北 国家税务总局监制；武汉航天信息股份有限公司 914201063475285374 发票专用章）

单据 2－1－17－4

4201174130　　湖北增值税专用发票　　№ 28435742　　4201174130 28435742

发票联

校验码 12891 30137 92703 74734　　开票日期：2020年05月13日

购买方	名称：武汉秋华机械有限责任公司 纳税人识别号：91420106300356727C 地址、电话：武汉市武昌区黄鹤楼888# 027-87390827 开户行及账号：工商银行紫阳支行 6210202000202456666			密码区	-65745<19458<38404817037490 5/37503848*7>234504>-003768 2//5>*8574567-7<8*873000007 <413-3001152-/7142>>8347424		
货物或应税劳务、服务名称	规格型号	单位	数量	单价	金额	税率	税额
*税控设备*增值税税控系统设备			1	176.99	176.99	13%	23.01
合计					¥176.99		¥23.01
价税合计（大写）	⊗贰佰元整				（小写）¥200.00		
销售方	名称：武汉航天信息股份有限公司 纳税人识别号：914201063475285374 地址、电话：武汉市武昌区解放路338号5环峰商业广场4楼 027-88733278 开户行及账号：中国工商银行武昌支行 6222020019363623622			备注			

收款人：　　复核：　　开票人：周月平　　销售方：（章）

税总函［2015］1562号海南华森实业公司

第三联：发票联　购买方记账凭证

（印章：全国统一发票监制章 湖北 国家税务总局监制；武汉航天信息股份有限公司 914201063475285374 发票专用章）

单据 2－1－17－5

中国工商银行
转账支票存根
30904229
27823001

附加信息

出票日期 2020 年 05 月 13 日

收款人：武汉航天信息股份有限公司

金　额：¥480.00

用　途：设备和技术费

单位主管　　会计

上海金达证券印制有限公司 · 2012 年印制

单据 2－1－18－1

4201174130　　**湖北增值税专用发票**　　№ 28543743

抵扣联

4201174130
28543743

校验码 12891 30137 92703 34632　　开票日期：2020年05月25日

购买方	名　　称：武汉秋华机械有限责任公司 纳税人识别号：91420106300356727C 地　址、电　话：武汉市武昌区黄鹤楼888# 027-87390827 开户行及账号：工商银行紫阳支行 6210202000202456666	密码区	-65745<19458<38404817000234 5/37503848*7>234504>-000006 2//5>*8574567-7<8*873008903 <413-3001152-/7142>>8346252

货物或应税劳务、服务名称	规格型号	单位	数量	单价	金额	税率	税额
*石油制品*成品油		吨	10	8000.00	80000.00	13%	10400.00
合　　计					¥80000.00		¥10400.00
价税合计（大写）	⊗玖万零肆佰元整				（小写）¥90400.00		

销售方	名　　称：天发成品油加工厂 纳税人识别号：91420106364735274 8 地　址、电　话：武汉市武昌区彭刘杨西路汉飞逛逛街2号 027-85733263 开户行及账号：中国工商银行武昌支行 6222020019565627812	备注	

收款人：　　复核：　　开票人：周兵　　销售方：（章）

税总函［2015］562号海南华森实业公司

第二联：抵扣联　购买方扣税凭证

单据 2－1－18－2

4201174130　　**湖北增值税专用发票**　　№ 28543743

发票联

4201174130
28543743

校验码 12891 30137 92703 34632　　开票日期：2020年05月25日

购买方	名　　称：武汉秋华机械有限责任公司 纳税人识别号：91420106300356727C 地　址、电　话：武汉市武昌区黄鹤楼888# 027-87390827 开户行及账号：工商银行紫阳支行 6210202000202456666	密码区	-65745<19458<38404817000234 5/37503848*7>234504>-000006 2//5>*8574567-7<8*873008903 <413-3001152-/7142>>8346252

货物或应税劳务、服务名称	规格型号	单位	数量	单价	金额	税率	税额
*石油制品*成品油		吨	10	8000.00	80000.00	13%	10400.00
合　　计					¥80000.00		¥10400.00
价税合计（大写）	⊗玖万零肆佰元整				（小写）¥90400.00		

销售方	名　　称：天发成品油加工厂 纳税人识别号：914201063647352748 地　址、电　话：武汉市武昌区彭刘杨西路汉飞逛逛街2号 027-85733263 开户行及账号：中国工商银行武昌支行 6222020019565627812	备注	

收款人：　　复核：　　开票人：周兵　　销售方：（章）

税总函［2015］562号海南华森实业公司

第三联：发票联　购买方记账凭证

单据 2－1－18－3

中国工商银行
转账支票存根
30904228
20627801

附加信息

出票日期2020年05月25日

收款人：天发成品油加工厂

金　额：¥90400.00

用　途：成品油

单位主管　　会计

上海金达证券印制有限公司・2012年印制

单据 2－1－18－4

入　库　单

2020 年 05 月 25 日　　　　单号 30583900

交来单位及部门	天发成品油加工厂	验收仓库	材料库	入库日期	2020-05-25	
编号	名称及规格	单位	数量		实际价格	
			交库	实收	单价	金额
D001	成品油	吨			80000.00	80000.00
合计						¥80000.00

财务联

财务经理：　　仓库主管：　　经办人：　　制单人：

单据 2－1－19－1

出　库　单

出货单位：　　2020 年 05 月 31 日　　单号：009

提货单位或领货部门	后勤部	销售单号		发出仓库	材料库	出库日期	2020-05-31
编号	名称及规格	单位	数量		单价	金额	备注
			应发	实发			
D001	成品油	吨	0.2	0.2	80,000.00	16,000.00	用于职工福利
合计							

会计联

部门经理：　　会计：　　仓库：　　经办人：

单据 2－1－20－1

4201174130　　**湖北增值税专用发票**　　№ 28437535　　4201174130 28437535

此联不作报销、扣税凭证使用

校验码 12891 30137 92703 73472　　开票日期：2020年05月28日

购买方	
名称	湖北大发加工厂
纳税人识别号	914201062746352741
地址、电话	武汉市武昌区彭刘杨路平湖门商住楼1层 027-84733646
开户行及账号	中国工商银行武昌支行 6222020019372309010

密码区：-65745<19458<38404817003468 5/37503848*7>234504>-000385 2//5>*8574567-7<8*873000007 <413-3001152-/7142>>8235261

货物或应税劳务、服务名称	规格型号	单位	数量	单价	金额	税率	税额
*机床*BW01机床		台	1	750000.00	750000.00	13%	97500.00
合计					¥750000.00		¥97500.00
价税合计（大写）	⊗捌拾肆万柒仟伍佰元整				（小写）¥847500.00		

销售方	
名称	武汉秋华机械有限责任公司
纳税人识别号	91420106300356727C
地址、电话	武汉市武昌区黄鹤楼888# 027-87390827
开户行及账号	工商银行紫阳支行 6210202000202456666

备注：（印章：武汉秋华机械有限责任公司 91420106300356727C 发票专用章）

收款人：　　复核：　　开票人：周健　　销售方：（章）

第一联：记账联　销售方记账凭证

单据 2－1－20－2

中国工商银行
现金支票存根
30904214
23680922

附加信息

出票日期 2020年05月28日

收款人：武汉市货运有限公司

金额：¥1800.00

用途：代垫运费

单位主管　　会计

上海金达证券印制有限公司·2012年印制

单据 2－1－21－1

4201174130　　**湖北增值税专用发票**　　№ 28437536　　4201174130 28437536

此联不作报销、扣税凭证使用

校验码 12891 30137 92303 71567　　开票日期：2020年05月15日

购买方	
名称	大雨公司
纳税人识别号	91350208MA89703866
地址、电话	福建省厦门市思明区松柏路11号 0592-89797940
开户行及账号	中国工商银行松柏支行 6222020019372301147

密码区：-65745<19458<38404817000345 5/37503848*7>234504>-089045 2//5>*8574567-7<8*873000007 <413-3001152-/7142>>8423358

货物或应税劳务、服务名称	规格型号	单位	数量	单价	金额	税率	税额
*机床*BW02机床		台	1	30000.00	30000.00	13%	3900.00
合计					¥30000.00		¥3900.00
价税合计（大写）	⊗叁万叁仟玖佰元整				（小写）¥33900.00		

销售方	
名称	武汉秋华机械有限责任公司
纳税人识别号	91420106300356727C
地址、电话	武汉市武昌区黄鹤楼888# 027-87390827
开户行及账号	工商银行紫阳支行 6210202000202456666

备注：（印章：武汉秋华机械有限责任公司 91420106300356727C 发票专用章）

收款人：　　复核：　　开票人：周健　　销售方：（章）

第一联：记账联　销售方记账凭证

单据 2－1－21－2

托收凭证 （受理回单） 1

委托日期 2020年 05月 15日

业务类型	委托收款（□邮划、□电划） 托收承付（□邮划、☑电划）					
付款人	全称	武汉秋华机械有限责任公司	收款人	全称	大雨公司	
	账号	6210202000202456666		账号	6222020019372301147	
	地址	湖北 省 武汉 市县 开户行 工商银行紫阳支行		地址	福建 省 厦门 市县 开户行 中国工商银行松柏支行	
金额	人民币（大写）	叁万叁仟玖佰元整				
款项内容	货款	托收凭据名称	增值税专用发票	附寄单证张数	1	
商品发运情况	已发货		合同名称号码			

亿	千	百	十	万	千	百	十	元	角	分
				¥3	3	9	0	0	0	0

备注：	款项收妥日期	收款人开户银行签章
复核　　记账	年　月　日	工商银行紫阳支行 业务专用章（1） 2020 年 05月 15日

此联作收款人开户银行给收款人的受理回单

单据 2－1－21－3

湖北增值税专用发票

抵扣联

4201174130　　№ 28064733　　4201174130 28064733

校验码 12891 30137 92703 75364　　开票日期：2020年05月15日

购买方	名称：武汉秋华机械有限责任公司 纳税人识别号：91420106300356727C 地址、电话：武汉市武昌区黄鹤楼888# 027-87390827 开户行及账号：工商银行紫阳支行 6210202000202456666	密码区：-65745<19458<38404817000237 5/37503848*7>234504>-000379 2//5>*8574567-7<8*873000007 <413-3001152-/7142>>8036271

货物或应税劳务、服务名称	规格型号	单位	数量	单价	金额	税率	税额
*运输服务*运费					2000.00	9%	180.00
合计					¥2000.00		¥180.00
价税合计（大写）	⊗贰仟壹佰捌拾元				（小写）¥2180.00		

销售方	名称：武汉高光货运有限公司 纳税人识别号：914201066473547382 地址、电话：武汉市武昌区解放路13号（解放桥公交站） 027-88421080 开户行及账号：中国工商银行解放路支行 6222020015278209231	备注：武汉—厦门，8W02机床

收款人：　　复核：　　开票人：张娜　　销售方：（章） 武汉高光货运有限公司 914201066473547382 发票专用章

第二联：抵扣联 购买方扣税凭证

单据 2－1－21－4

湖北增值税专用发票

4201174130　　　　　　　　　　　　№ 28064733　　4201174130　28064733

发票联

校验码 12891 30137 92703 75364　　　　开票日期：2020年05月15日

购买方	名　　称：武汉秋华机械有限责任公司 纳税人识别号：91420106300356727C 地址、电话：武汉市武昌区黄鹤楼888# 027-87390827 开户行及账号：工商银行紫阳支行 6210202000202456666			密码区	-65745<19458<38404817000237 5/37503848*7>234504>-000379 2//5>*8574567-7<8*873000007 <413-3001152-/7142>>8036271		
货物或应税劳务、服务名称	规格型号	单位	数量	单价	金额	税率	税额
*运输服务*运费					2000.00	9%	180.00
合　　计					¥2000.00		¥180.00
价税合计（大写）	⊗贰仟壹佰捌拾元				（小写）¥2180.00		
销售方	名　　称：武汉高光货运有限公司 纳税人识别号：914201066473547382 地址、电话：武汉市武昌区解放路13号（解放桥公交站）027-88421080 开户行及账号：中国工商银行解放路支行 6222020015278209231			备注	武汉—厦门 B109机床		

收款人：　　复核：　　开票人：张娜　　销售方：（章）

税总函［2015］563号海南华森实业公司

第三联：发票联　购买方记账凭证

（印章：武汉高光货运有限公司 914201066473547382 发票专用章）

单据 2－1－21－5

中国工商银行
现金支票存根
30904214
23680923

附加信息

出票日期 2020年05月15日

收款人：武汉高光货运有限公司

金　额：¥2180.00

用　途：支付三包运费

单位主管　　会计

上海金达证券印制有限公司・2012年印制

单据 2－1－22－1

出　库　单

出货单位：　　　　2020 年 05 月 05 日　　　　单号：533

提货单位或领货部门	销售部	销售单号	MK08900903	发出仓库	产品库	出库日期	2020-05-05
编号	名称及规格	单位	数量 应发	数量 实发	单价	金额	备注
	SUPERBW机床	台	1	1	6,000,000.00	6,000,000.00	
	合计					6,000,000.00	

会计联

部门经理：销售部　　会计：　　仓库：　　经办人：

单据 2－1－22－2

ICBC 中国工商银行 进账单（收账通知） 3

2020 年 12 月 31 日　　№

出票人	全　称	新源有限责任公司	收款人	全　称	武汉秋华机械有限责任公司
	账　号	6222020019232376512		账　号	6210202000202456666
	开户银行	中国工商银行复兴路支行		开户银行	工商银行紫阳支行
金额	人民币（大写）	贰佰贰拾陆万元整		亿千百十万千百十元角分	¥226000000
票据种类	支票	票据张数	1		
票据号码					

备注：

复核：　　记账：　　收款人开户银行签章

（印章：工商银行紫阳支行 业务专用章（1））

此联是收款人开户银行交给收款人的收账通知

175*85mm GH066011

单据 2－1－23－1

4201174130　　**湖北增值税专用发票**　　№ 28467563　　4201174130 28467563

此联不作报销、扣税凭证使用

校验码 12891 30137 92703 73645　　开票日期：2020年12月31日

购买方	名　称：新源有限责任公司 纳税人识别号：914201063546372836 4 地址、电话：武汉市武昌区复兴路海达广场1楼 027-88067033 开户行及账号：中国工商银行复兴路支行 6222020019232376512			密码区	-65745<19458<38404817002783 5/37503848*7>234504>-000006 2//5>*8574567-7<8*873007890 <413-3001152-/7142>>8023762		
货物或应税劳务、服务名称	规格型号	单位	数量	单价	金额	税率	税额
*机床*SUPERBW机床		台	1	2000000.00	2000000.00	13%	260000.00
合　计					¥2000000.00		¥260000.00
价税合计（大写）	⊗贰佰贰拾陆万元整				（小写）¥2260000.00		
销售方	名　称：武汉秋华机械有限责任公司 纳税人识别号：91420106300356727C 地址、电话：武汉市武昌区黄鹤楼888# 027-87390827 开户行及账号：工商银行紫阳支行 6210202000202456666			备注			

收款人：　　复核：　　开票人：刘艳玉　　销售方：（章）

（印章：武汉秋华机械有限责任公司 91420106300356727C 发票专用章）

第一联：记账联 销售方记账凭证

单据 2－1－24－1

4201174130 负数　　**湖北增值税专用发票**　　№ 28038262　　4201174130 28038262

此联不作报销、扣税凭证使用

校验码 12891 30137 92703 72394　　开票日期：2020年06月20日

购买方	名　称：武汉大明有限公司 纳税人识别号：914201064635476321 地址、电话：湖北省武汉市武昌区解放路255号 027-85067033 开户行及账号：中国工商银行解放路支行 6222020019272789232			密码区	-65745<19458<38404817000006 5/37503848*7>234504>-000006 2//5>*8574567-7<8*873000007 <413-3001152-/7142>>8024642		
货物或应税劳务、服务名称	规格型号	单位	数量	单价	金额	税率	税额
*机床*BW03机床					-18000.00	13%	-2340.00
合　计					¥-18000.00		¥-2340.00
价税合计（大写）	⊗（负数）贰万零叁佰肆拾元整				（小写）¥-20340.00		
销售方	名　称：武汉秋华机械有限责任公司 纳税人识别号：91420106300356727C 地址、电话：武汉市武昌区黄鹤楼888# 027-87390827 开户行及账号：工商银行紫阳支行 6210202000202456666			备注			

收款人：　　复核：　　开票人：苏云　　销售方：（章）

（印章：武汉秋华机械有限责任公司 91420106300356727C 发票专用章）

第一联：记账联 销售方记账凭证

单据 2－1－24－2

中国工商银行
转账支票存根
30904227
26170912

附加信息

出票日期2020年06月20日

收款人:	武汉大明有限公司
金　额:	¥20340.00
用　途:	销售折让

单位主管　　会计

上海金达证券印制有限公司·2012年印制

单据 2－1－25－1

4201174120　　**湖北增值税普通发票**　　№28374635　4201174120 28374635

开票日期:2020年05月22日

校验码 12891 30137 34632 71594

购买方	名　　称:武汉大明有限公司 纳税人识别号:914201064635476321 地址、电话:湖北省武汉市武昌区解放路255号 027-85067033 开户行及账号:中国工商银行解放路支行 6222020019272789232	密码区	-65745<19458<38404817000023 5/37503848*7>234504>-000340 2//5>*8574567-7<8*873000007 <413-3001152-/7142>>8023464

货物或应税劳务、服务名称	规格型号	单位	数量	单价	金额	税率	税额
*机床*AW数码机床		台	1		200000.00	3%	6000.00
合　计					¥200000.00		¥6000.00
价税合计(大写)	⊗贰拾万陆仟元整				(小写)¥206000.00		

销售方	名　　称:武汉秋华机械有限责任公司 纳税人识别号:91420106300356727C 地址、电话:武汉市武昌区黄鹤楼888# 027-87390827 开户行及账号:工商银行紫阳支行 6210202000202456666	备注	

收款人:　　复核:　　开票人:谢英　　销售方:(章)

第一联:记账联　销售方记账凭证

单据 2－1－25－2

ICBC 中国工商银行　　进账单(收账通知) 3

2020 年 05 月 22 日　　№

出票人	全　称	武汉大明有限公司	收款人	全　称	武汉秋华机械有限责任公司
	账　号	6222020019272789232		账　号	6210202000202456666
	开户银行	中国工商银行解放路支行		开户银行	工商银行紫阳支行
金额	人民币(大写)	贰拾万陆仟元整		亿千百十万千百十元角分	¥20600000
票据种类	支票	票据张数	1		
票据号码					
备注:					

复核:　　记账:　　收款人开户银行签章

工商银行紫阳支行 业务专用章 (1)

此联是收款人开户银行交给收款人的收账通知

175*85mm GH06001

单据 2－1－25－3

固定资产清理审批单

固定资产名称：AW数码机床
固定资产购入时间：2008年12月5日
原价：1000000元
累计已计提折旧：980000元
出售价款：206000元
申请人：徐子　　　　　　审批人：刘成

单据 2－1－26－1

出库单

出货单位：　　　　2020 年 05 月 05 日　　　　单号：015

提货单位或领货部门	销售部	销售单号		发出仓库	产品库	出库日期	2020-05-05	
编号	名称及规格	单位	数量 应发	数量 实发	单价	金额	备注	会计联
C005	不锈钢餐具	件	100	100	120.00	12,000.00	赠送给大华公司	
合计						12,000.00		

部门经理：　　会计：　　仓库：　　经办人：

单据 2－1－26－2

纪念品出库审批单

成品名称：不锈钢餐具
数量：100件
发放对象：大华公司
申请人：徐子　　　　　　审批人：刘成
2020年05月05日　　　　　2020年05月05日

单据 2-1-28-1

中华人民共和国
税收缴款书(税务收现专用)

征收机关代码 123456789

(153)鄂 00025721

登记注册类型： 有限责任公司　　填发日期： 2020年 06月 10日　　税务机关： 武汉市税务局

缴款单位（人）	识别号	91420106300356727C	开户银行	
	名称	武汉秋华机械有限责任公司	账号	
收款国库			税款限缴日期	

预算科目 编码	预算科目 名称	预算科目 级次	品目名称	课税数量	计税金额或销售收入	税率或单位税额	税款所属时期	已缴或扣除额	实缴金额
	增值税						20200501-20200531		80000.00
金额合计	（大写）捌万元整							¥80000.00	

税务机关（盖章）	缴款单位（人）（盖章）	上列款项已核收记入收款单位账户 国库（银行）盖章	备注
填票人	经办人	王丽 年 月 日	

逾期不缴按税法规定加收滞纳金

系统税票号码：123456789

无银行收讫章无效

第六联（存根）基层税务机关留存。自行开票的，由缴款单位（人）送基层税务机关妥善保管

武汉市税务局 01号 征税专用章

工商银行紫阳支行 业务专用章 （1）

单据 2-1-29-1

中华人民共和国
税收缴款书(税务收现专用)

征收机关代码 123456789

(153)鄂 00025644

登记注册类型： 有限责任公司　　填发日期： 2020年 05月 10日　　税务机关： 武汉市税务局

缴款单位（人）	识别号	913101126942079223	开户银行	
	名称	武汉秋华机械设计有限责任公司	账号	
收款国库			税款限缴日期	

预算科目 编码	预算科目 名称	预算科目 级次	品目名称	课税数量	计税金额或销售收入	税率或单位税额	税款所属时期	已缴或扣除额	实缴金额
	增值税						20200401-20200430		200000.00
金额合计	（大写）贰拾万元整							¥200000.00	

税务机关（盖章）	缴款单位（人）（盖章）	上列款项已核收记入收款单位账户 国库（银行）盖章	备注
填票人	经办人	年 月 日	

逾期不缴按税法规定加收滞纳金

系统税票号码：123456789

无银行收讫章无效

第六联（存根）基层税务机关留存。自行开票的，由缴款单位（人）送基层税务机关妥善保管

武汉市税务局 01号 征税专用章

工商银行紫阳支行 业务专用章 （1）

单据 2-2-1-1

湖北增值税普通发票

4201174120　　№ 28736253　　4201174120　28736253

开票日期：2020年06月10日

校验码 12891 30137 92703 72536

购买方	名　　称：武汉红星有限公司 纳税人识别号：914201065362736532 地址、电话：湖北省武汉市武昌区毛家巷正街84号　027-88118386 开户行及账号：中国工商银行武昌支行　6222020019273609241	密码区	-65745<19458<38404817000378 5/37503848*7>234504>-000006 2//5>*8574567-7<8*873007839 <413-3001152-/7142>>8245825

货物或应税劳务、服务名称	规格型号	单位	数量	单价	金额	税率	税额
*机床*BW01机床		台	1		100000.00	3%	3000.00
合　　计					¥100000.00		¥3000.00
价税合计（大写）	⊗壹拾万叁仟元整				（小写）¥103000.00		

销售方	名　　称：武汉秋华机械有限责任公司 纳税人识别号：91420106300356727C 地址、电话：武汉市武昌区黄鹤楼888# 027-87390827 开户行及账号：工商银行紫阳支行　6210202000202456666	备注	

收款人：　　复核：　　开票人：高天霖　　销售方：（章）

（印章：武汉秋华机械有限责任公司　91420106300356727C　发票专用章）

税总函[2015]982号深圳光华印制有限公司

第一联：记账联　销售方记账凭证

单据 2-2-1-2

ICBC 中国工商银行　进账单（收账通知）3

2020 年 06 月 10 日　　№

出票人	全　称	武汉红星有限公司	收款人	全　称	武汉秋华机械有限责任公司
	账　号	6222020019273609241		账　号	6210202000202456666
	开户银行	中国工商银行武昌支行		开户银行	工商银行紫阳支行
金额	人民币（大写）	壹拾万叁仟元整		亿千百十万千百十元角分	¥ 1 0 3 0 0 0 0 0
票据种类	支票	票据张数	1		
票据号码					
备注：					

复核：　　记账：　　收款人开户银行签章

（印章：工商银行紫阳支行　业务专用章（1））

175*85mm GH066011

此联是收款人开户银行交给收款人的收账通知

单据 2-2-1-3

出　库　单

出货单位：武汉秋华机械有限责任公司　　2020 年 06 月 10 日　　单号：009

提货单位或领货部门	武汉红星有限公司	销售单号	202006001201	发出仓库	产品库	出库日期	2020-06-10

编号	名称及规格	单位	数量 应发	数量 实发	单价	金额	备注
B004	BW01机床	台	1	1	80,000.00	80,000.00	销售
合计						80,000.00	

部门经理：　　会计：　　仓库：　　经办人：

会计联

单据 2-2-2-1

4201174130　　**湖北增值税专用发票**　　№ 28374640　　4201174130 28374640

抵扣联

校验码 12891 30137 92703 71342　　开票日期：2020年06月10日

购买方	名　　称：武汉秋华机械有限责任公司 纳税人识别号：91420106300356727C 地 址、电 话：武汉市武昌区黄鹤楼888# 027-87390827 开户行及账号：工商银行紫阳支行 6210202000202456666	密码区	-65745<19458<38404817000238 5/37503848*7>234504>-008909 2//5>*8574567-7<8*873000007 <413-3001152-/7142>>8023458

货物或应税劳务、服务名称	规格型号	单位	数量	单价	金额	税率	税额
*钢板*铬钼钢板		千克	1000	100.00	100000.00	13%	13000.00
合　　计					¥100000.00		¥13000.00
价税合计（大写）	⊗壹拾壹万叁仟元整				（小写）¥113000.00		

销售方	名　　称：红美物料有限公司 纳税人识别号：914201060923789023 地 址、电 话：湖北省武汉市武昌区毛家巷正街111号 027-88250971 开户行及账号：中国工商银行武昌支行 6222020019787823601	备注	

收款人：　　复核：　　开票人：张学艺　　销售方：（章）

红美物料有限公司 914201060923789023 发票专用章

税总函[2015]562号海南华森实业公司

第二联：抵扣联 购买方扣税凭证

单据 2-2-2-2

4201174130　　**湖北增值税专用发票**　　№ 28374640　　4201174130 28374640

发票联

校验码 12891 30137 92703 71342　　开票日期：2020年06月10日

购买方	名　　称：武汉秋华机械有限责任公司 纳税人识别号：91420106300356727C 地 址、电 话：武汉市武昌区黄鹤楼888# 027-87390827 开户行及账号：工商银行紫阳支行 6210202000202456666	密码区	-65745<19458<38404817000238 5/37503848*7>234504>-008909 2//5>*8574567-7<8*873000007 <413-3001152-/7142>>8023458

货物或应税劳务、服务名称	规格型号	单位	数量	单价	金额	税率	税额
*钢板*铬钼钢板		千克	1000	100.00	100000.00	13%	13000.00
合　　计					¥100000.00		¥13000.00
价税合计（大写）	⊗壹拾壹万叁仟元整				（小写）¥113000.00		

销售方	名　　称：红美物料有限公司 纳税人识别号：914201060923789023 地 址、电 话：湖北省武汉市武昌区毛家巷正街111号 027-88250971 开户行及账号：中国工商银行武昌支行 6222020019787823601	备注	

收款人：　　复核：　　开票人：张学艺　　销售方：（章）

红美物料有限公司 914201060923789023 发票专用章

税总函[2015]562号海南华森实业公司

第三联：发票联 购买方记账凭证

单据 2-2-2-3

中国工商银行
转账支票存根
30904226
26179072

附加信息

出票日期 2020 年 06 月 10 日

收款人：红美物料有限公司

金　额：¥113000.00

用　途：购买材料

单位主管　　会计

上海金达证券印制有限公司·2012年印制

单据 2-2-2-4

入 库 单

2020 年 06 月 10 日　　　　单号 30583900

交来单位及部门	红美物料有限公司	验收仓库	材料库	入库日期	2020-06-10	
编号	名称及规格	单位	数量		实际价格	
			交库	实收	单价	金额
D001	铬钼钢板	千克	1000	1000	113.00	113000.00
	合　计					¥113000.00

财务联

财务经理：　　仓库主管：　　经办人：　　制单人：

单据 2-2-3-1

4201174130　　**湖北增值税专用发票**　　№ 28435745　　4201174130 28435745

抵扣联

校验码 12891 30137 92703 73462　　开票日期：2020年06月16日

购买方	名　　称：武汉秋华机械有限责任公司 纳税人识别号：91420106300356727C 地 址、电 话：武汉市武昌区黄鹤楼888# 027-87390827 开户行及账号：工商银行紫阳支行 6210202000202456666	密码区	-65745<19458<38404817007890 5/37503848*7>234504>-000234 2//5>*8574567-7<8*873000007 <413-3001152-/7142>>8023263

货物或应税劳务、服务名称	规格型号	单位	数量	单价	金额	税率	税额
*信息技术服务*设备技术维护费			1	264.15	264.15	6%	15.85
合　计					¥264.15		¥15.85
价税合计（大写）	⊗贰佰捌拾元整				（小写）¥280.00		

销售方	名　　称：武汉航天信息股份有限公司 纳税人识别号：914201063475285374 地 址、电 话：武汉市武昌区解放路338号5环峰商业广场4楼 027-88733278 开户行及账号：中国工商银行武昌支行 6222020019363623622	备注	武汉航天信息股份有限公司 914201063475285374 发票专用章

收款人：　　复核：　　开票人：周月平　　销售方：（章）

第二联：抵扣联　购买方扣税凭证

单据 2-2-3-2

4201174130　　**湖北增值税专用发票**　　№ 28435745　　4201174130 28435745

发票联

校验码 12891 30137 92703 73462　　开票日期：2020年06月16日

购买方	名　　称：武汉秋华机械有限责任公司 纳税人识别号：91420106300356727C 地 址、电 话：武汉市武昌区黄鹤楼888# 027-87390827 开户行及账号：工商银行紫阳支行 6210202000202456666	密码区	-65745<19458<38404817007890 5/37503848*7>234504>-000234 2//5>*8574567-7<8*873000007 <413-3001152-/7142>>8023263

货物或应税劳务、服务名称	规格型号	单位	数量	单价	金额	税率	税额
*信息技术服务*设备技术维护费			1	264.15	264.15	6%	15.85
合　计					¥264.15		¥15.85
价税合计（大写）	⊗贰佰捌拾元整				（小写）¥280.00		

销售方	名　　称：武汉航天信息股份有限公司 纳税人识别号：914201063475285374 地 址、电 话：武汉市武昌区解放路338号5环峰商业广场4楼 027-88733278 开户行及账号：中国工商银行武昌支行 6222020019363623622	备注	武汉航天信息股份有限公司 914201063475285374 发票专用章

收款人：　　复核：　　开票人：周月平　　销售方：（章）

第三联：发票联　购买方记账凭证

单据 2－2－3－3

4201174130　　**湖北增值税专用发票**　　№ 28435744　　4201174130 28435744

抵扣联

校验码 12891 30137 92703 73462　　开票日期：2020年06月16日

购买方	名　　称：武汉秋华机械有限责任公司 纳税人识别号：91420106300356727C 地 址、电 话：武汉市武昌区黄鹤楼888# 027-87390827 开户行及账号：工商银行紫阳支行 6210202000202456666			密码区	-65745<19458<38404817007890 5/37503848*7>234504>-000234 2//5>*8574567-7<8*873000007 <413-3001152-/7142>>8023263		
货物或应税劳务、服务名称	规格型号	单位	数量	单价	金额	税率	税额
*税控设备*增值税税控系统设备			1	176.99	176.99	13%	23.01
合　　计					¥176.99		¥23.01
价税合计（大写）	⊗贰佰元整				（小写）¥200.00		
销售方	名　　称：武汉航天信息股份有限公司 纳税人识别号：914201063475285374 地 址、电 话：武汉市武昌区解放路338号5环峰商业广场4楼 027-88733278 开户行及账号：中国工商银行武昌支行 6222020019363623622			备注			

收款人：　　复核：　　开票人：周月平　　销售方：（章）

税总函〔2015〕562号海南华森实业公司

第二联：抵扣联　购买方扣税凭证

（印章：武汉航天信息股份有限公司 914201063475285374 发票专用章）

单据 2－2－3－4

4201174130　　**湖北增值税专用发票**　　№ 28435744　　4201174130 28435744

发票联

校验码 12891 30137 92703 73462　　开票日期：2020年06月16日

购买方	名　　称：武汉秋华机械有限责任公司 纳税人识别号：91420106300356727C 地 址、电 话：武汉市武昌区黄鹤楼888# 027-87390827 开户行及账号：工商银行紫阳支行 6210202000202456666			密码区	-65745<19458<38404817007890 5/37503848*7>234504>-000234 2//5>*8574567-7<8*873000007 <413-3001152-/7142>>8023263		
货物或应税劳务、服务名称	规格型号	单位	数量	单价	金额	税率	税额
*税控设备*增值税税控系统设备			1	176.99	176.99	13%	23.01
合　　计					¥176.99		¥23.01
价税合计（大写）	⊗贰佰元整				（小写）¥200.00		
销售方	名　　称：武汉航天信息股份有限公司 纳税人识别号：914201063475285374 地 址、电 话：武汉市武昌区解放路338号5环峰商业广场4楼 027-88733278 开户行及账号：中国工商银行武昌支行 6222020019363623622			备注			

收款人：　　复核：　　开票人：周月平　　销售方：（章）

税总函〔2015〕562号海南华森实业公司

第三联：发票联　购买方记账凭证

（印章：武汉航天信息股份有限公司 914201063475285374 发票专用章）

单据 2－2－3－5

中国工商银行
转账支票存根

40304221
25637090

附加信息

出票日期 2020 年 06 月 10 日

收款人：武汉航天信息股份有限公司

金　额：¥480.00

用　途：税控设备款

单位主管　　会计

上海金达证券印制有限公司·2012年印制

单据 2-2-4-1

中华人民共和国
税收缴款书（税务收现专用）

征收机关代码 123456789

(153)鄂 00025644

登记注册类型：有限责任公司　　填发日期：2020年 06月 10日　　税务机关：武汉市税务局

缴款单位（人）	识别号	91420106300356727C	开户银行	
	名称	武汉秋华机械有限责任公司	账号	
收款国库			税款限缴日期	

预算科目			品目名称	课税数量	计税金额或销售收入	税率或单位税额	税款所属时期	已缴或扣除额	实缴金额
编码	名称	级次							
	增值税						20200501-20200531		19000.00
金额合计	（大写）壹万玖仟元整								¥19000.00

税务机关（盖章）	缴款单位（人）（盖章）	上列款项已核收记入收款单位账户 国库（银行）盖章	备注
填票人	经办人	张杭 年 月 日	

无银行收讫章无效

第六联（存根）基层税务机关留存，自行开票的，由缴款单位（人）送基层税务机关妥善保管

逾期不缴按税法规定加收滞纳金

系统税票号码：123456789

单据 2-3-2-1

湖北增值税普通发票

4201174120　　№ 28765978　　4201174120 28765978

校验码 12891 30137 92703 76542　　开票日期：2020年08月02日

购买方	名称：山西中信天诚有限公司 纳税人识别号：911401003746384632 地址、电话：山西太原市晋源区长风商务区广经路一号 0351-3866553 开户行及账号：中国工商银行晋源支行 6222020019237609211	密码区	-65745<19458<38404817003788 5/37503848*7>234504>-000289 2//5>*8574567-7<8*873000007 <413-3001152-/7142>>8056373

货物或应税劳务、服务名称	规格型号	单位	数量	单价	金额	税率	税额
*建筑服务*建安服务					9708738.00	3%	291262.00
合计					¥9708738.00		¥291262.00
价税合计（大写）	⊗壹仟万元整				（小写）¥10000000.00		

销售方	名称：武汉大华建安有限公司 纳税人识别号：914201113647284732 地址、电话：武汉洪山街平安路雅安街佳和云居特1号 027-59708687 开户行及账号：中国工商银行洪山支行 6222020019676709231	备注	项目名称：[illegible]荷苑 项目地址：陕西省太原市迎宾大道888号

收款人：　　复核：　　开票人：王亮　　销售方：（章）

第一联：记账联 销售方记账凭证

单据 2-3-2-2

ICBC 中国工商银行　　进账单（收账通知）3

2020 年 08 月 02 日　　№

出票人	全　称	山西中信天诚有限公司	收款人	全　称	武汉大华建安有限公司
	账　号	6222020019237609211		账　号	6222020019676709231
	开户银行	中国工商银行晋源支行		开户银行	中国工商银行洪山支行
金额	人民币（大写）	壹仟万元整	亿千百十万千百十元角分		¥1000000000
票据种类	支票	票据张数	1		
票据号码					
备注：					
复核：	记账：			收款人开户银行签章	

中国工商银行洪山支行 业务专用章 (1)

此联是收款人开户银行交给收款人的收账通知

175*85mm GH066011

单据 2-3-3-1

中国工商银行
转账支票存根

40204222
23092301

附加信息

出票日期 2020 年 08 月 05 日

收款人：武汉长江建安有限公司

金　额：¥3000000.00

用　途：分包款

单位主管　　会计

上海金达证券印制有限公司·2012 年印制

单据 2-3-3-2

4201174120　　湖北增值税普通发票　　№ 28647323　　4201174120 28647323

开票日期：2020年08月05日

校验码 12891 30137 92703 73647

购买方	名　　称：武汉大华建安有限公司 纳税人识别号：914201113647284732 地址、电话：武汉洪山街平安路雅安街佳和云居特1号 027-59708687 开户行及账号：中国工商银行洪山支行 6222020019676709231	密码区：-65745<19458<38404817000345 5/37503848*7>234504>-005453 2//5>*8574567-7<8*873000007 <413-3001152-/7142>>8053518

货物或应税劳务、服务名称	规格型号	单位	数量	单价	金额	税率	税额
*建筑服务*建安服务					2912621.00	3%	87379.00
合　计					¥2912621.00		¥87379.00
价税合计（大写）	⊗叁佰万元整				（小写）¥3000000.00		

销售方	名　　称：武汉长江建安有限公司 纳税人识别号：914201113726374822 地址、电话：武汉市洪山区平安路68号 027-59708352 开户行及账号：中国工商银行武汉南湖支行 6222020019232378127	备注：项目名称：[illegible] 项目地址：陕西省太原市迎宾大道888号

收款人：　　复核：　　开票人：伍玉　　销售方：（章）

914201113726374822 发票专用章

第二联：发票联　购买方记账凭证

单据 2－3－4－1

中华人民共和国
税收缴款书(税务收现专用)

征收机关代码 123456789

(153)鄂 00025690

登记注册类型： 有限责任公司　　填发日期： 2020年 08月 10日　　税务机关： 武汉市税务局

缴款单位（人）	识别号	914201113647284732	开户银行	
	名称	武汉大华建安有限公司	账号	
收款国库			税款限缴日期	

预算科目			品目名称	课税数量	计税金额或销售收入	税率或单位税额	税款所属时期	已缴或扣除额	实缴金额
编码	名称	级次							
	增值税						20200701-20200731		203883.00
金额合计	（大写）贰拾万叁仟捌佰捌拾叁元整								¥203883.00

税务机关（盖章） 填票人	缴款单位（人）（盖章） 经办人	上列款项已核收记入收款单位账户 国库（银行）盖章 林歌 年 月 日	备注

（印章：征税专用章 01号；业务专用章（1））

逾期不缴按税法规定加收滞纳金　　系统税票号码：123456789　　妥善保管

左侧：无银行收讫章无效

右侧：第六联（存根）基层税务机关留存，自行开票的，由缴款单位（人）送基层税务机关

单据 2－3－5－1

分页：＿＿＿＿ 总页：＿＿＿＿

工程施工 明细账

二级科目 合同成本　　级科目＿＿＿＿

2020年 月	日	凭证 种类	号数	摘要	√	借方	贷方	借或贷	余额
08	01	记	001	发生合同成本		500000000		借	500000000
08	05	记	003	支付分包款		300000000	8737900	借	791262100

单据 2－4－1－1

政府非税收入专用票据 No.:6013557

注册号码 财[2018]票字第 号

票据类型：

数字指纹：

2017年 05月 10日

缴款单位(或缴款人)	瑞安达房地产有限公司	执收单位编码	11708	收费许可证	字第 号
项目编码	收费项目	计费数量	收费标准	金额	备注
672002	土地出让金			109,000,000.00	
人民币(大写)合计：壹亿零玖佰万元整				¥：109,000,000.00	

收费单位(公章)： 开票卡号： 收款人：王杰 开票人：李敏

第一联：收据

电脑打印 手写无效

单据 2－4－1－2

中国工商银行
转账支票存根

30904220
20170031

附加信息

出票日期 2017年05月10日

收款人：湖北省土地出让中心

金额：¥109000000

用途：支付土地出让金

单位主管 会计

上海金达证券印制有限公司・2012年印制

单据 2－4－2－1

4201174130 **湖北增值税专用发票** № 26110101

抵扣联

4201174130
26110101

校验码 12891 30137 92703 73526

开票日期：2018年08月01日

购买方	
名称	瑞安达房地产有限公司
纳税人识别号	914201116473825432
地址、电话	武汉市洪山区雄楚大道268号 027-87679298
开户行及账号	中国工商银行洪山支行 6222020019273809034

密码区：
-65745<19458<38404817000003
5/37503848*7>234504>-000004
2//5>*8574567-7<8*873000007
<413-3001152-/7142>>8023313

货物或应税劳务、服务名称	规格型号	单位	数量	单价	金额	税率	税额
*设计服务*设计费			1	5000000.00	5000000.00	6%	300000.00
合计					¥5000000.00		¥300000.00
价税合计(大写)	⊗伍佰叁拾万元整				(小写)¥5300000.00		

销售方	
名称	武汉中南设计院
纳税人识别号	914201116352745362
地址、电话	湖北省武汉市洪山区民族大道纺织路1号 027-87673452
开户行及账号	中国工商银行民族大道支行 6222020015787823098

备注

收款人： 复核： 开票人：刘铭 销售方：(章)

武汉中南设计院 914201116352745362 发票专用章

第二联：抵扣联 购买方扣税凭证

单据 2－4－2－2

湖北增值税专用发票

发票联

4201174130　　№ 26110101　　4201174130　26110101

校验码 12891 30137 92703 73526　　开票日期：2018年08月01日

购买方	名称：瑞安达房地产有限公司 纳税人识别号：914201116473825432 地址、电话：武汉市洪山区雄楚大道268号 027-87679298 开户行及账号：中国工商银行洪山支行 6222020019273809034	密码区	-65745<19458<38404817000003 5/37503848*7>234504>-000004 2//5>*8574567-7<8*873000007 <413-3001152-/7142>>8023313

货物或应税劳务、服务名称	规格型号	单位	数量	单价	金额	税率	税额
*设计服务*设计费			1	5000000.00	5000000.00	6%	300000.00
合计					¥5000000.00		¥300000.00
价税合计（大写）	⊗伍佰叁拾万元整				（小写）¥5300000.00		

销售方	名称：武汉中南设计院 纳税人识别号：914201116352745362 地址、电话：湖北省武汉市洪山区民族大道纺织路1号 027-87673452 开户行及账号：中国工商银行民族大道支行 6222020015787823098	备注	

收款人：　复核：　开票人：刘铭　销售方：（章）

（印章：武汉中南设计院 914201116352745362 发票专用章）

第三联：发票联 购买方记账凭证

单据 2－4－2－3

中国工商银行
转账支票存根

30904220
20170032

附加信息

出票日期 2018 年 08 月 01 日

收款人：武汉中南设计院

金　额：¥5300000.00

用　途：支付设计费

单位主管　会计

上海金达证券印制有限公司・2012年印制

单据 2－4－3－1

湖北增值税专用发票

抵扣联

4201174130　　№ 23098120　　4201174130　23098120

校验码 12378 23983 36521 09342　　开票日期：2018年09月01日

购买方	名称：瑞安达房地产有限公司 纳税人识别号：914201116473825432 地址、电话：武汉市洪山区雄楚大道268号 027-87679298 开户行及账号：中国工商银行洪山支行 6222020019273809034	密码区	-65745<19458<38404817000023 5/37503848*7>234504>-000006 2//5>*8574567-7<8*873000129 <413-3001152-/7142>>8023311

货物或应税劳务、服务名称	规格型号	单位	数量	单价	金额	税率	税额
*金属制品*钢筋					40000000.00	16%	6400000.00
合计					¥40000000.00		¥6400000.00
价税合计（大写）	⊗肆仟陆佰肆拾万元整				（小写）¥46400000.00		

销售方	名称：宝钢股份公司武昌分公司 纳税人识别号：91420106C267A89001 地址、电话：武汉市武昌区中南路68号 027-86237022 开户行及账号：中国工商银行武昌支行 6222020015671123891	备注	

收款人：　复核：　开票人：李丽　销售方：（章）

（印章：宝钢股份公司武昌分公司 91420106C267A89001 发票专用章）

第二联：抵扣联 购买方扣税凭证

单据 2－4－3－2

湖北增值税专用发票

4201174130　　№ 23098120　　4201174130　23098120

校验码 12378 23983 36521 09342　　开票日期：2018年09月01日

购买方	名　　称：瑞安达房地产有限公司 纳税人识别号：914201116473825432 地 址、电 话：武汉市洪山区雄楚大道268号 027-87679298 开户行及账号：中国工商银行洪山支行 6222020019273809034			密码区	-65745<19458<38404817000023 5/37503848*7>234504>-000006 2//5>*8574567-7<8*873000129 <413-3001152-/7142>>8023311		
货物或应税劳务、服务名称	规格型号	单位	数量	单价	金额	税率	税额
*金属制品*钢筋					40000000.00	16%	6400000.00
合　　计					¥40000000.00		¥6400000.00
价税合计（大写）	⊗肆仟陆佰肆拾万元整				（小写）¥46400000.00		
销售方	名　　称：宝钢股份公司武昌分公司 纳税人识别号：91420106C267A89001 地 址、电 话：武汉市武昌区中南路68号 027-86237022 开户行及账号：中国工商银行武昌支行 6222020015671123891			备注			

收款人：　　复核：　　开票人：李丽　　销售方：（章）

第三联：发票联　购买方记账凭证

单据 2－4－4－1

ICBC 中国工商银行　　进账单（收账通知）3

2019 年 08 月 31 日　　№

出票人	全　称		收款人	全　称	瑞安达房地产有限公司
	账　号			账　号	6222020019273809034
	开户银行			开户银行	中国工商银行洪山支行
金额	人民币（大写）	伍亿贰仟叁佰贰拾万元整		亿千百十万千百十元角分	5 2 3 2 0 0 0 0 0 0 0
票据种类		票据张数			
票据号码					
备注：	复核：　记账：			收款人开户银行签章	

此联是收款人开户银行交给收款人的收账通知

单据 2－4－5－1

中华人民共和国
税收缴款书（税务收现专用）

征收机关代码 123456789　　(153)鄂 00025931

登记注册类型：有限责任公司　　填发日期：2019年 09月 10日　　税务机关：武汉市税务局

缴款单位（人）	识别号	914201116473825432				开户银行			
	名称	瑞安达房地产有限公司				账号			
收款国库						税款限缴日期			
预算科目：编码	名称	级次	品目名称	课税数量	计税金额或销售收入	税率或单位税额	税款所属时期	已缴或扣除额	实缴金额
	增值税						20190801-20190831		14400000.00
金额合计	（大写）壹仟肆佰肆拾万元整							¥14400000.00	
税务机关（盖章）填票人		缴款单位（人）（盖章）经办人		上列款项已核收记入收款单位账户 国库（银行）盖章 年 月 日			备注		

无银行收讫章无效

逾期不缴按税法规定加收滞纳金　　系统税票号码：123456789　　妥善保管

第六联（存根）基层税务机关留存，自行开票的，由缴款单位（人）送基层税务机关

单据 2-4-6-1

4201174130　**湖北增值税专用发票**　№ 35601201　4201174130 35601201

抵扣联

校验码 26519 12390 23871 23780　　开票日期：2019年12月17日

购买方	名称：瑞安达房地产有限公司 纳税人识别号：914201116473825432 地址、电话：武汉市洪山区雄楚大道268号 027-87679298 开户行及账号：中国工商银行洪山支行 6222020019273809034	密码区	-65745<19458<38404817000006 5/37503848*7>234504>-003450 2//5>*8574567-7<8*873000007 <413-3001152-/7142>>8023318

货物或应税劳务、服务名称	规格型号	单位	数量	单价	金额	税率	税额
*建筑服务*建安服务					140000000.00	9%	12600000.00
合计					¥140000000.00		¥12600000.00
价税合计（大写）	⊗壹亿伍仟贰佰陆拾万元整				（小写）¥152600000.00		

销售方	名称：阳光建筑安装股份公司 纳税人识别号：914201060012346N23 地址、电话：武汉市武昌区堤东街65号 027-86553201 开户行及账号：中国工商银行武昌支行 6222020015562309162	备注	项目名称：瑞安达花园 项目地址：武汉市洪山区佳园路88号

收款人：　　复核：　　开票人：刘司　　销售方：（章）

税总函[2015]562号华南印务有限公司

第二联：抵扣联　购买方扣税凭证

914201060012346N23 发票专用章

单据 2-4-6-2

4201174130　**湖北增值税专用发票**　№ 35601201　4201174130 35601201

发票联

校验码 26519 12390 23871 23780　　开票日期：2019年12月17日

购买方	名称：瑞安达房地产有限公司 纳税人识别号：914201116473825432 地址、电话：武汉市洪山区雄楚大道268号 027-87679298 开户行及账号：中国工商银行洪山支行 6222020019273809034	密码区	-65745<19458<38404817000006 5/37503848*7>234504>-003450 2//5>*8574567-7<8*873000007 <413-3001152-/7142>>8023318

货物或应税劳务、服务名称	规格型号	单位	数量	单价	金额	税率	税额
*建筑服务*建安服务					140000000.00	9%	12600000.00
合计					¥140000000.00		¥12600000.00
价税合计（大写）	⊗壹亿伍仟贰佰陆拾万元整				（小写）¥152600000.00		

销售方	名称：阳光建筑安装股份公司 纳税人识别号：914201060012346N23 地址、电话：武汉市武昌区堤东街65号 027-86553201 开户行及账号：中国工商银行武昌支行 6222020015562309162	备注	项目名称：瑞安达花园 项目地址：武汉市洪山区佳园路88号

收款人：　　复核：　　开票人：刘司　　销售方：（章）

税总函[2015]562号华南印务有限公司

第三联：发票联　购买方记账凭证

914201060012346N23 发票专用章

单据 2-4-6-3

中国工商银行
转账支票存根
30904220
20170033
附加信息

出票日期2019年12月17日
收款人：阳光建筑安装股份公司
金　额：¥1373400000.0
用　途：支付建安费
单位主管　　会计

上海金达证券印制有限公司・2012年印制

单据 2-4-7-1

工程竣工验收报告单

项目名称	瑞安达花园
施工地点	湖北省武汉市白沙洲大道518号
施工单位	阳光建筑安装股份公司
验收时间	2019年12月24日
验收项目摘要	瑞安达花园项目的土建工程等项目进行验收并使用。
验收记录	
施工单位自检意见	合格 签字（章）：张飞 日期：2019年12月24日
施工单位验收意见	建设单位验收结论
合格 签字（章）：刘敏 日期：2019年12月24日	合格 签字（章）：王龙 日期：2019年12月24日
备注：	

单据 2－4－13－1

中华人民共和国
税收缴款书(税务收现专用)

征收机关代码 123456789

(153)鄂 00025932

登记注册类型： 有限责任公司　　填发日期： 2020年 01月 12日　　税务机关： 武汉市税务局

缴款单位（人）	识别号	914201116473825432	开户银行	
	名称	瑞安达房地产有限公司	账号	
收款国库			税款限缴日期	

预算科目 编码	预算科目 名称	预算科目 级次	品目名称	课税数量	计税金额或销售收入	税率或单位税额	税款所属时期	已缴或扣除额	实缴金额
	增值税						20191201-20191231		1700000.00
金额合计	（大写）壹佰柒拾万元整								¥1700000.00

税务机关（盖章）	缴款单位（人）（盖章）	上列款项已核收记入收款单位账户 国库（银行）盖章	备注
填票人	经办人	年　月　日	

无银行收讫章无效

第六联（存根）基层税务机关留存。自行开票的，由缴款单位（人）送基层税务机关

逾期不缴按税法规定加收滞纳金

系统税票号码： 123456789

妥善保管

单据 2－5－1－1

湖北增值税专用发票

4201174130　　№ 20912781　　4201174130　20912781

抵扣联

校验码 12390 26712 07322 14598　　开票日期： 2019年12月11日

购买方	名称：武汉泰丰实业有限公司 纳税人识别号：91420102001CA67092 地址、电话：武汉市江岸区新村街道127号 027-87226703 开户行及账号：中国工商银行江岸支行 6222020015673252109	密码区	-65745<19458<38404817000006 5/37503848*7>234504>-000234 2//5>*8574567-7<8*873000007 <413-3001152-/7142>>8023318

货物或应税劳务、服务名称	规格型号	单位	数量	单价	金额	税率	税额
*塑料制品*聚丙烯		批	1		60000.00	13%	78000.00
合计					¥60000.00		78000.00
价税合计（大写）	⊗陆拾柒万捌仟元整				（小写）¥678000.00		

销售方	名称：武汉大明有限公司 纳税人识别号：914201064635476321 地址、电话：湖北省武汉市武昌区解放路255号 027-85067033 开户行及账号：中国工商银行解放路支行 6222020019272789232	备注	

收款人：　　复核：　　开票人：林娜　　销售方：（章）

第二联：抵扣联 购买方扣税凭证

单据 2－5－1－2

4201174130　　**湖北增值税专用发票**　　№ 20912781　　4201174130 20912781

发票联

校验码 12390 26712 07322 14598　　开票日期：2019年12月11日

购买方	名称：武汉泰丰实业有限公司 纳税人识别号：91420102001CA67092 地址、电话：武汉市江岸区新村街道127号 027-87226703 开户行及账号：中国工商银行江岸支行 6222020015673252109			密码区	-65745<19458<38404817000006 5/37503848*7>234504>-000234 2//5>*8574567-7<8*873000007 <413-3001152-/7142>>8023318		
货物或应税劳务、服务名称	规格型号	单位	数量	单价	金额	税率	税额
*塑料制品*聚丙烯		批	1		60000.00	13%	78000.00
合计					¥60000.00		78000.00
价税合计（大写）	⊗陆拾柒万捌仟元整				（小写）¥678000.00		
销售方	名称：武汉大明有限公司 纳税人识别号：914201064635476321 地址、电话：湖北省武汉市武昌区解放路255号 027-85067033 开户行及账号：中国工商银行解放路支行 6222020019272789232			备注			

收款人：　　复核：　　开票人：林娜　　销售方：（章）

（印章：武汉大明有限公司 914201064635476321 发票专用章）

第三联：发票联 购买方记账凭证

税总函〔2015〕562号海南华森实业公司

单据 2－5－1－3

4201174130　　**湖北增值税专用发票**　　№ 01248912　　4201174130 01248912

抵扣联

校验码 12398 23876 25430 27812　　开票日期：2019年12月11日

购买方	名称：武汉泰丰实业有限公司 纳税人识别号：91420102001CA67092 地址、电话：武汉市江岸区新村街道127号 027-87226703 开户行及账号：中国工商银行江岸支行 6222020015673252109			密码区	-65745<19458<38404817000023 5/37503848*7>234504>-000025 2//5>*8574567-7<8*873000056 <413-3001152-/7142>>8023311		
货物或应税劳务、服务名称	规格型号	单位	数量	单价	金额	税率	税额
*运输服务*运费					2000.00	9%	180.00
合计					¥2000.00		¥180.00
价税合计（大写）	⊗贰仟壹佰捌拾元整				（小写）¥2180.00		
销售方	名称：武汉顺丰速运有限公司 纳税人识别号：9142011172309B1203 地址、电话：武汉市洪山区关山街120号 027-86550732 开户行及账号：中国工商银行洪山支行 6222020015891265530			备注	阳安-武汉 聚丙烯		

收款人：　　复核：　　开票人：吴彬　　销售方：（章）

（印章：武汉顺丰速运有限公司 9142011172309B1203 发票专用章）

第二联：抵扣联 购买方扣税凭证

税总函〔2015〕562号海南华森实业公司

单据 2-5-1-4

湖北增值税专用发票

4201174130　　　　No 01248912　　4201174130　01248912

发票联

校验码 12398 23876 25430 27812　　　　开票日期：2019年12月11日

购买方	名　　称：武汉泰丰实业有限公司 纳税人识别号：91420102001CA67092 地 址、电 话：武汉市江岸区新村街道127号 027-87226703 开户行及账号：中国工商银行江岸支行 6222020015673252109	密码区	-65745<19458<38404817000023 5/37503848*7>234504>-000025 2//5>*8574567-7<8*873000056 <413-3001152-/7142>>8023311

货物或应税劳务、服务名称	规格型号	单位	数量	单价	金额	税率	税额
*运输服务*运费					2000.00	9%	180.00
合　　计					¥2000.00		¥180.00
价税合计（大写）	⊗贰仟壹佰捌拾元整				（小写）¥2180.00		

销售方	名　　称：武汉顺丰速运有限公司 纳税人识别号：9142011172309B1203 地 址、电 话：武汉市洪山区关山街120号 027-86550732 开户行及账号：中国工商银行洪山支行 6222020015891265530	备注	阳安-武汉 鄂南…

收款人：　　复核：　　开票人：吴彬　　销售方：（章）

（印章：武汉顺丰速运有限公司 9142011172309B1203 发票专用章）

第三联：发票联 购买方记账凭证

单据 2-5-2-1

湖北增值税专用发票

4201174130　　　　No 28901121　　4201174130　28901121

此联不作报销、扣税凭证使用

校验码 12650 23670 53412 78912　　　　开票日期：2019年12月10日

购买方	名　　称：东方巨力有限公司 纳税人识别号：9142010278002388N1 地 址、电 话：武汉市江岸区西马街道235号 027-87219830 开户行及账号：中国工商银行江岸支行 6222020015672037002	密码区	-65745<19458<38404817000013 5/37503848*7>234504>-000059 2//5>*8574567-7<8*873000050 <413-3001152-/7142>>8023311

货物或应税劳务、服务名称	规格型号	单位	数量	单价	金额	税率	税额
*塑料制品*食品袋		批	1		100000.00	13%	13000.00
合　　计					¥100000.00		¥13000.00
价税合计（大写）	⊗壹拾壹万叁仟元整				（小写）¥113000.00		

销售方	名　　称：武汉泰丰实业有限公司 纳税人识别号：91420102001CA67092 地 址、电 话：武汉市江岸区新村街道127号 027-87226703 开户行及账号：中国工商银行江岸支行 6222020015673252109	备注	

收款人：　　复核：　　开票人：李琳　　销售方：（章）

（印章：武汉泰丰实业有限公司 91420102001CA67092 发票专用章）

第一联：记账联 销售方记账凭证

单据 2-5-3-1

出　库　单

出货单位：　　　　2019 年 12 月 12 日　　　　单号：

提货单位或领货部门	行政部	销售单号		发出仓库	材料库	出库日期	2019-12-13
编号	名称及规格	单位	数量 应发	数量 实发	单价	金额	备注
T004	电线	米	1000	1000	10.00	10,000.00	职工食堂用
	合计						

部门经理：　　会计：　　仓库：　　经办人：

会计联

单据 2-5-4-1

出　库　单

出货单位：　　　　2019 年 12 月 16 日　　　　单号：

提货单位或领货部门	销售部	销售单号		发出仓库	产品库	出库日期	2019-12-16

编号	名称及规格	单位	数量 应发	数量 实发	单价	金额	备注
C029	电烤箱	台	100	100	20,000.00	2,000,000.00	无偿赠与客户，计税价格为2400000.00元。
合计						2,000,000.00	

会计联

部门经理：销售部　　会计：　　仓库：　　经办人：

单据 2-5-5-1

4201174130　　湖北增值税专用发票　　№ 28901122　　4201174130 28901122

此联不作报销、扣税凭证使用

校验码 12781 27360 34601 23763　　开票日期：2019年12月20日

购买方	名称：武汉大明有限公司 纳税人识别号：914201064635476321 地址、电话：湖北省武汉市武昌区解放路255号 027-85067033 开户行及账号：中国工商银行解放路支行 6222020019272789232	密码区	-65745<19458<38404817000006 5/37503848*7>234504>-000003 2//5>*8574567-7<8*873000007 <413-3001152-/7142>>8023311

货物或应税劳务、服务名称	规格型号	单位	数量	单价	金额	税率	税额
*无形资产*转让土地使用权		㎡	10000	1000.00	10000000.00	9%	900000.00
合计					¥10000000.00		¥900000.00
价税合计（大写）	⊗壹仟零玖拾万元整				（小写）¥10900000.00		

销售方	名称：武汉泰丰实业有限公司 纳税人识别号：91420102001CA67092 地址、电话：武汉市江岸区新村街道127号 027-87226703 开户行及账号：中国工商银行江岸支行 6222020015673252109	备注	

收款人：　　复核：　　开票人：李琳　　销售方：（章）

第一联：记账联　销售方记账凭证

税总函[2015]561号 华南印务实业公司

单据 2－5－6－1

湖北增值税普通发票

4201174120　　　　№ 28091121　　4201174120 28091121

校验码 12782 46232 07812 37654　　　　开票日期：2019年12月21日

购买方	名　　称：武汉泰丰实业有限公司 纳税人识别号：91420102001CA67092 地 址、电 话：武汉市江岸区新村街道127号 027-87226703 开户行及账号：中国工商银行江岸支行 6222020015673252109	密码区	-65745<19458<38404817000006 5/37503848*7>234504>-000234 2//5>*8574567-7<8*873000045 <413-3001152-/7142>>8023318

货物或应税劳务、服务名称	规格型号	单位	数量	单价	金额	税率	税额
*金属制品*元器件					50000.00	3%	1500.00
合　　计					¥50000.00		¥1500.00
价税合计（大写）	⊗伍万壹仟伍佰元整				（小写）¥51500.00		

销售方	名　　称：武汉红光有限公司 纳税人识别号：914201116734BE6009 地 址、电 话：武汉市洪山区雄楚大街29号 027-86330927 开户行及账号：中国工商银行洪山支行 6222020015782307226	备注	武汉红光有限公司 914201116734BE6009 发票专用章

收款人：　　　　复核：　　　　开票人：赵铭　　　　销售方：（章）

第二联：发票联　购买方记账凭证

税总函［2015］982号深圳光华印制有限公司

单据 2－5－7－1

湖北增值税专用发票

4201174130　　　　№ 28901123　　4201174130 28901123

此联不作报销、扣税凭证使用

校验码 12789 24115 89433 26340　　　　开票日期：2019年12月31日

购买方	名　　称：武汉一路阳光有限公司 纳税人识别号：914201027834A6781N 地 址、电 话：武汉市江岸区新村街道90号 027-87205732 开户行及账号：中国工商银行江岸支行 6222020015783201202	密码区	-65745<19458<38404817000045 5/37503848*7>234504>-000089 2//5>*8574567-7<8*873000003 <413-3001152-/7142>>8023318

货物或应税劳务、服务名称	规格型号	单位	数量	单价	金额	税率	税额
*现代服务*技术咨询服务					10000.00	6%	600.00
合　　计					¥10000.00		¥600.00
价税合计（大写）	⊗壹万零陆佰元整				（小写）¥10600.00		

销售方	名　　称：武汉泰丰实业有限公司 纳税人识别号：91420102001CA67092 地 址、电 话：武汉市江岸区新村街道127号 027-87226703 开户行及账号：中国工商银行江岸支行 6222020015673252109	备注	武汉泰丰实业有限公司 91420102001CA67092 发票专用章

收款人：　　　　复核：　　　　开票人：李琳　　　　销售方：（章）

第一联：记账联　销售方记账凭证

税总函［2015］562号海南华森实业公司

单据 3-1-1-1

4201174130 **湖北增值税专用发票** № 25679012

4201174130
25679012

此联不作报销、扣税凭证使用

校验码 12309 24633 37894 36789

开票日期：2020年02月10日

购买方	名　　称：雅馨兰坊有限公司 纳税人识别号：91420102692367D541 地 址、电 话：武汉市江岸区西马街道35号 027-89670127 开户行及账号：中国工商银行江岸支行 6222020015839325631	密码区	-65745<19458<38404817000023 5/37503848*7>234504>-000003 2//5>*8574567-7<8*873000007 <413-3001152-/7142>>8023314

货物或应税劳务、服务名称	规格型号	单位	数量	单价	金额	税率	税额
*美容护肤品*MM化妆品					60000.00	13%	7800.00
合　　计					¥60000.00		¥7800.00
价税合计（大写）	⊗陆万柒仟捌佰元整				（小写）¥67800.00		

销售方	名　　称：大明化妆品有限公司 纳税人识别号：914201025600217 65N 地 址、电 话：武汉市江岸区西马街道231号 027-86332812 开户行及账号：中国工商银行江岸支行 6222020015782363207	备注	大明化妆品有限公司 91420102560021765N 发票专用章

收款人：　　复核：　　开票人：吴美美　　销售方：（章）

税总函〔2015〕562号海南华森实业公司

第一联：记账联　销售方记账凭证

单据 3-1-1-2

ICBC 中国工商银行　　进账单（收账通知） 3

2020 年 02 月 10 日　　№

出票人	全　称	雅馨兰坊有限公司	收款人	全　称	大明化妆品有限公司
	账　号	6222020015839325631		账　号	6222020015782363207
	开户银行	中国工商银行江岸支行		开户银行	中国工商银行江岸支行

金额	人民币（大写）	亿	千	百	十	万	千	百	十	元	角	分
	陆万柒仟捌佰元整				¥	6	7	8	0	0	0	0

票据种类	支票	票据张数	1
票据号码			

备注：

复核：　　记账：

中国工商银行江岸支行 业务专用章 （1）

收款人开户银行签章

175*85mm GH066011

此联是收款人开户银行交给收款人的收账通知

单据 3-1-1-3

出　库　单

出货单位：　　2020 年 02 月 10 日　　单号：

提货单位或领货部门	雅馨兰坊有限公司	销售单号		发出仓库	产品库	出库日期	2020-02-10

编号	名称及规格	单位	数量 应发	数量 实发	单价	金额	备注
T2083	欢颜精华露	瓶	100	100	600.00	60,000.00	销售
合计						60,000.00	

部门经理：　　会计：　　仓库：　　经办人：

会计联

单据 3－1－2－1

湖北增值税专用发票

4201174130

校验码 12397 79321 56280 18621

此联不作报销、扣税凭证使用

№ 29086533

4201174130
29086533

开票日期：2020年01月03日

购买方	名　　称：东方王特有限公司 纳税人识别号：9142011167235BC125 地 址、电 话：武汉市洪山区雄楚大街110号 027-86836313 开户行及账号：中国工商银行洪山支行 6222020015972345201	密码区	-65745<19458<38404817000892 5/37503848*7>234504>-000086 2//5>*8574567-7<8*873000007 <413-3001152-/7142>>8023312

货物或应税劳务、服务名称	规格型号	单位	数量	单价	金额	税率	税额
*机动车*MiMi汽车					55000.00	13%	7150.00
合计					¥55000.00		¥7150.00
价税合计（大写）	⊗陆万壹仟贰佰伍拾元整				（小写）¥67150.00		

销售方	名　　称：上宇大众汽车有限公司 纳税人识别号：914201118723064520 地 址、电 话：武汉市洪山区雄楚大街67号 027-86772130 开户行及账号：中国工商银行洪山支行 6222020015782361206	备注	上宇大众汽车有限公司 914201118723064520 发票专用章

收款人：　　复核：　　开票人：林西语　　销售方：（章）

税总函［2015］562号华南印务实业公司

第一联：记账联　销售方记账凭证

单据 3－1－2－2

出　库　单

出货单位：　　2020 年 01 月 03 日　　单号：

提货单位或领货部门	东方王特有限公司	销售单号			发出仓库	产品库	出库日期	2020-01-03
编号	名称及规格	单位	数量 应发	数量 实发	单价	金额	备注	
T096	MiMi汽车	辆	1	1	40,000.00	40,000.00	抵偿债务。	
合计								

部门经理：　　会计：　　仓库：　　经办人：

会计联

单据 3－1－3－1

企业内部业务审批单

情况说明：2018年12月我公司在销售高尔夫球具时向武汉大华制造有限公司收取包装物押金2320元，现逾期一年武汉大华制造有限公司包装物尚未归还。

处理意见：同意将一年前收到的包装物押金2000元，作为其他业务收入处理。

总经理：陈建　　　　会计主管：吴伍立

2020年01月21日　　　　2020年01月21日

单据 3－1－4－1

出　库　单

出货单位：　　　2020 年 01 月 03 日　　　单号：

提货单位或领货部门	酒心糖车间	销售单号		发出仓库	产品库	出库日期	2020-01-03
编号	名称及规格	单位	数量 应发	数量 实发	单价	金额	备注
AD76	白酒	吨	1	1	80,000.00	80,000.00	用于生产酒心糖，市场售价为100000.00元/吨。
	合计					80,000.00	

会计联

部门经理：　　会计：　　仓库：　　经办人：

单据 3－1－5－1

出　库　单

出货单位：　　　2020 年 06 月 05 日　　　单号：

提货单位或领货部门	家悦烟厂	销售单号		发出仓库	材料库	出库日期	2020-06-03
编号	名称及规格	单位	数量 应发	数量 实发	单价	金额	备注
A34	烟叶	吨	10	10	1,000.00	10,000.00	委托加工成烟丝
	合计						

会计联

部门经理：　　会计：　　仓库：　　经办人：

单据 3-1-6-1

4201174130　　湖北增值税专用发票　　№ 09672306　　4201174130 09672306

抵扣联

校验码 12367 29063 53982 09861　　开票日期：2020年07月13日

购买方	名称：红星烟厂 纳税人识别号：914201118956432 11N 地址、电话：武汉市洪山区民族大道纺织路17号 027-87541206 开户行及账号：中国工商银行洪山支行 6222020015875523638	密码区	-65745<19458<38404817000234 5/37503848*7>234504>-000006 2//5>*8574567-7<8*873000090 <413-3001152-/7142>>8023314

货物或应税劳务、服务名称	规格型号	单位	数量	单价	金额	税率	税额
*劳务*加工费					40000.00	13%	5200.00
合　　计					¥40000.00		¥5200.00
价税合计（大写）	⊗肆万伍仟贰佰元整				（小写）¥45200.00		

销售方	名称：家悦烟厂 纳税人识别号：91420111643109825 6 地址、电话：武汉市洪山区民族大道纺织路123号 027-86336503 开户行及账号：中国工商银行洪山支行 6222020015875520974	备注	

收款人：　　复核：　　开票人：张娜　　销售方：（章）家悦烟厂 914201116431098256 发票专用章

税总函〔2015〕1562号海南华森实业公司

第二联：抵扣联　购买方扣税凭证

单据 3-1-6-2

4201174130　　湖北增值税专用发票　　№ 09672306　　4201174130 09672306

发票联

校验码 12367 29063 53982 09861　　开票日期：2020年07月13日

购买方	名称：红星烟厂 纳税人识别号：91420111895643211N 地址、电话：武汉市洪山区民族大道纺织路17号 027-87541206 开户行及账号：中国工商银行洪山支行 6222020015875523638	密码区	-65745<19458<38404817000234 5/37503848*7>234504>-000006 2//5>*8574567-7<8*873000090 <413-3001152-/7142>>8023314

货物或应税劳务、服务名称	规格型号	单位	数量	单价	金额	税率	税额
*劳务*加工费					40000.00	13%	5200.00
合　　计					¥40000.00		¥5200.00
价税合计（大写）	⊗肆万伍仟贰佰元整				（小写）¥45200.00		

销售方	名称：家悦烟厂 纳税人识别号：914201116431098256 地址、电话：武汉市洪山区民族大道纺织路123号 027-86336503 开户行及账号：中国工商银行洪山支行 6222020015875520974	备注	

收款人：　　复核：　　开票人：张娜　　销售方：（章）家悦烟厂 914201116431098256 发票专用章

税总函〔2015〕1562号海南华森实业公司

第三联：发票联　购买方记账凭证

单据 3-1-6-3

中国工商银行
转账支票存根

50104223
20231391

附加信息

出票日期2020年07月13日

收款人：家悦烟厂

金　额：66628.57

用　途：支付加工费等

单位主管　　会计

上海金达证券印制有限公司·2012年印制

单据 3-1-7-1

委托加工物资入库单

供应单位：家悦烟厂　　　　　　　　　　　　入库单编号：37826320

材料类别：烟丝　　　　2020 年 07 月 13 日　　　　收料仓库：材料库

编号	名称	规格	单位	数量		实际成本			
				应收	实收	发出原材料成本	运费	加工费	合计
A001	烟丝		千克	10	10	10000		40000	50000
合计									¥50000

财务联

财务经理：谢春丽　　仓库主管：吴凡　　经办人：张月　　制单人：周雪梅

单据 3-1-8-1

4201174130　　**湖北增值税专用发票**　　№ 56890342　　4201174130　56890342

校验码 12378 25609 45709 27631　　此联不作报销、扣税凭证使用　　开票日期：2020年07月30日

购买方	
名称	长江股份有限公司
纳税人识别号	914201065708452231
地址、电话	武汉市武昌区解放路68号 027-83721090
开户行及账号	中国工商银行武昌支行 6222020015780823674

密码区：-65745<19458<38404817000023 5/37503848*7>234504>-000039 2//5>*8574567-7<8*873000029 <413-3001152-/7142>>8023318

货物或应税劳务、服务名称	规格型号	单位	数量	单价	金额	税率	税额
*烟草制品*烟丝					90000.00	13%	11700.00
合计					¥90000.00		¥11700.00
价税合计（大写）	⊗壹拾万壹仟柒佰元整				（小写）¥101700.00		

销售方	
名称	红星烟厂
纳税人识别号	91420111895643211N
地址、电话	武汉市洪山区民族大道纺织路17号 027-87541206
开户行及账号	中国工商银行洪山支行 6222020015875523638

备注：

收款人：　　复核：　　开票人：谢春丽　　销售方：（章）红星烟厂 91420111895643211N 发票专用章

第一联：记账联 销售方记账凭证

税总函〔2015〕562号海南华森实业公司

单据 3-1-8-2

出　库　单

出货单位：　　　　2020 年 07 月 30 日　　　　单号：

提货单位或领货部门	销售部	销售单号		发出仓库	产品库	出库日期	2020-07-30

编号	名称及规格	单位	数量		单价	金额	备注
			应发	实发			
T64	烟丝	吨	10	10	5,000.00	50,000.00	售给长江股份有限公司
合计						50,000.00	

会计联

部门经理：　　会计：　　仓库：　　经办人：

单据 3-1-9-1

中华人民共和国

税收缴款书(税务收现专用)

征收机关代码 123456789

(153)鄂 00035621

登记注册类型： 有限责任公司　　填发日期： 2020年 08月 05日　　税务机关： 武汉市税务局

缴款单位（人）	识别号	91420111895643211N	开户银行	
	名称	红星烟厂	账号	
收款国库			税款限缴日期	

预算科目 编码	预算科目 名称	预算科目 级次	品目名称	课税数量	计税金额或销售收入	税率或单位税额	税款所属时期	已缴或扣除额	实缴金额
	消费税						20200701-20200731		5571.43

金额合计	（大写）伍仟伍佰柒拾壹元肆角叁分	¥5571.43

税务机关（盖章）	缴款单位（人）（盖章）	上列款项已核收记入收款单位账户	备注
		国库（银行）盖章	
填票人	经办人	李春 年 月 日	

逾期不缴按税法规定加收滞纳金

系统税票号码： 123456789

无银行收讫章无效

第六联（存根）基层税务机关留存。自行开票的，由缴款单位（人）送基层税务机关妥善保管

（印章：武汉市税务局 01号 征税专用章；中国工商银行武汉洪山支行 业务专用章（1））

单据 3-1-10-1

4201174130

湖北增值税专用发票

此联不作报销、扣税凭证使用

№ 23907642

4201174130

23907642

开票日期： 2020年07月30日

校验码 12378 36701 28743 09823

购买方	名称：武汉市烟草专卖店 纳税人识别号：92420111357907248C 地址、电话：武汉市洪山区民族大道纺织路85号 027-89240323 开户行及账号：中国工商银行洪山支行 6222020015945278251	密码区	-65745<19458<38404817000027 5/37503848*7>234504>-000007 2//5>*8574567-7<8*873000273 <413-3001152-/7142>>8023319

货物或应税劳务、服务名称	规格型号	单位	数量	单价	金额	税率	税额
*烟草制品*卷烟		箱	50	10000.00	500000.00	13%	65000.00
合计					¥500000.00		¥65000.00
价税合计（大写）	⊗伍拾陆万伍仟元整				（小写）¥565000.00		

销售方	名称：红星烟厂 纳税人识别号：91420111895643211N 地址、电话：武汉市洪山区民族大道纺织路17号 027-87541206 开户行及账号：中国工商银行洪山支行 6222020015875523638	备注	

收款人：　　复核：　　开票人：谢春丽　　销售方：（章）

（印章：红星烟厂 91420111895643211N 发票专用章）

第一联：记账联 销售方记账凭证

税总函[2015]562号华南印务实业公司

单据 3－1－10－2

ICBC 中国工商银行　　进账单（收账通知） 3

2020 年 07 月 30 日　　№

出票人	全　称	武汉市烟草专卖店	收款人	全　称	红星烟厂
	账　号	6222020015945278251		账　号	6222020015875523638
	开户银行	中国工商银行洪山支行		开户银行	中国工商银行洪山支行
金额	人民币（大写）	伍拾陆万伍仟元整	亿千百十万千百十元角分		¥ 5 6 5 0 0 0 0 0
票据种类	支票	票据张数	1		
票据号码					
备注：					
复核：	记账：			收款人开户银行签章	

印章：中国工商银行洪山支行 业务专用章 (1)

175*85mm GH066011

此联是收款人开户银行交给收款人的收账通知

单据 3－1－11－1

中华人民共和国
税收缴款书（税务收现专用）

征收机关代码 123456789　　(153)鄂 00035622

登记注册类型： 有限责任公司　　填发日期： 2019年 08月 05日　　税务机关： 武汉市税务局

缴款单位（人）	识别号	91420111895643211N				开户银行			
	名称	红星烟厂				账号			
收款国库						税款限缴日期			
预算科目			品目名称	课税数量	计税金额或销售收入	税率或单位税额	税款所属时期	已缴或扣除额	实缴金额
编码	名称	级次							
	消费税						20200701-20200731		167071.43
金额合计	（大写）壹拾陆万柒仟零柒拾壹元肆角叁分								¥ 167071.43元
税务机关（盖章）填票人	缴款单位（人）（盖章）经办人	上列款项已核收记入收款单位账户 国库（银行）盖章 李春 年 月 日					备注		

印章：武汉市税务局 01号 征税专用章；中国工商银行洪山支行 业务专用章 (1)

无银行收讫章无效

逾期不缴按税法规定加收滞纳金　　系统税票号码：123456789　　妥善保管

第六联（存根）基层税务机关留存。自行开票的，由缴款单位（人）送基层税务机关

单据 4-1-2-1

中华人民共和国
税收缴款书(税务收现专用)

征收机关代码 123456789

(153)鄂 00025071

登记注册类型： 有限责任公司　　填发日期： 2020年 09月 05日　　税务机关： 武汉市税务局

缴款单位（人）	识别号	9142011167NAD56767			开户银行				
	名称	长江汽车制造公司			账号				
收款国库					税款限缴日期				
预算科目			品目名称	课税数量	计税金额或销售收入	税率或单位税额	税款所属时期	已缴或扣除额	实缴金额
编码	名称	级次							
	城市维护建设税						20200801-20200831		93660.54
	教育费附加						20200801-20200831		40140.23
	地方教育附加						20200801-20200831		26760.15
金额合计	（大写）壹拾陆万零伍佰陆拾元玖角贰分								¥160560.92
税务机关（盖章）填票人		缴款单位（人）（盖章）经办人		上列款项已核收记入收款单位账户 国库（银行）盖章 吴美真 年 月 日			备注		

无银行收讫章无效

第六联（存根）基层税务机关留存。自行开票的，由缴款单位（人）送基层税务机关妥善保管

逾期不缴按税法规定加收滞纳金　　系统税票号码： 123456789

（印章：武汉市税务局 01号 征税专用章；中国工商银行××山支行 业务专用章（1））

单据 4-3-1-1

湖北增值税专用发票

4201174130　　№ 07832671　　4201174130　07832671

此联不作报销、扣税凭证使用

校验码 12781 29063 47621 20983　　开票日期： 2020年07月10日

购买方	名称：天安加气站 纳税人识别号：91420106782309762N 地址、电话：武汉市武昌区解放路142号 027-86327812 开户行及账号：中国工商银行武昌支行 6222020015090924268				密码区	-65745<19458<38404817000678 5/37503848*7>234504>-000004 2//5>*8574567-7<8*873000007 <413-3001152-/7142>>8023313	
货物或应税劳务、服务名称	规格型号	单位	数量	单价	金额	税率	税额
*燃气*天然气		立方米			12000000.00	13%	1560000.00
合计					¥12000000.00		¥1560000.00
价税合计（大写）	⊗壹仟叁佰伍拾陆万元整				（小写）¥13560000.00		
销售方	名称：新大天然气开采公司 纳税人识别号：91420106670902C120 地址、电话：武汉市武昌区解放路33号 027-83470721 开户行及账号：中国工商银行武昌支行 6222020015090927824				备注		

收款人：　　复核：　　开票人：周振涛　　销售方：（章）

（印章：新大天然气开采公司 91420106670902C120 发票专用章）

第一联：记账联 销售方记账凭证

税总函［2015］562号海南华森实业公司

单据 4-3-1-2

ICBC 中国工商银行　　进账单(收账通知) 3

2020 年 07 月 10 日　　№

出票人	全　称	天安加气站	收款人	全　称	新大天然气开采公司
	账　号	6222020015090924268		账　号	6222020015090927824
	开户银行	中国工商银行武昌支行		开户银行	中国工商银行武昌支行

金额	人民币(大写) 壹仟叁佰伍拾陆万元整	亿	千	百	十	万	千	百	十	元	角	分
		¥	1	3	5	6	0	0	0	0	0	0

票据种类	支票	票据张数	1
票据号码			

备注:

复核:　　记账:　　收款人开户银行签章

中国工商银行武昌支行 业务专用章 (1)

175*85mm GH066011

此联是收款人开户银行交给收款人的收账通知

单据 4-3-1-3

出库单

出货单位:　　2020 年 07 月 10 日　　单号: 67688

提货单位或领货部门	销售部	销售单号	335773	发出仓库	原料库	出库日期	2020-07-10

编号	名称及规格	单位	数量		单价	金额	备注
			应发	实发			
034	天然气	立方米	9000000	9000000	1.00	9,000,000.00	销售给天安加气站。
合计						9,000,000.00	

部门经理:　　会计:　　仓库:　　经办人:

会计联

单据 4-3-2-1

中华人民共和国
税收缴款书(税务收现专用)

征收机关代码 123456789　　　　(153)鄂 00026655

登记注册类型： 有限责任公司　　填发日期： 2020年 08月 10日　　税务机关： 武汉市税务局

缴款单位（人）	识别号	91420106670902C120				开户银行			
	名称	新大天然气开采公司				账号			
收款国库						税款限缴日期			
预算科目			品目名称	课税数量	计税金额或销售收入	税率或单位税额	税款所属时期	已缴或扣除额	实缴金额
编码	名称	级次							
	资源税						20200701-20200731		720000.00
金额合计	（大写）柒拾贰万元整								¥720000.00
税务机关（盖章） 填票人	缴款单位（人）（盖章） 经办人(1)		上列款项已核收记入收款单位账户 国库（银行）盖章 林志强 年 月 日				备注		

印章：武汉市税务局 01号 征税专用章；中国工商银行武昌支行 业务专用章

无银行收讫章无效

第六联（存根）基层税务机关留存。自行开票的，由缴款单位（人）送基层税务机关妥善保管

逾期不缴按税法规定加收滞纳金　　系统税票号码： 123456789　　妥善保管

单据 4-3-3-1

汇总产品出库单

2020年08月31日　　金额单位：元

产品编号	产品名称规格	单位	数量	单位成本	总成本	备注
201	原油	万吨	8	40000000	320000000	已出售，款已收
201	原油	万吨	0.5	40000000	20000000	冬季加热、修井用
201	原油	万吨	0.3	40000000	12000000	运输车辆润华用
合计			8.8		352000000	

单据 4-3-4-1

入　库　单

2020 年 08 月 13 日　　单号 30583900

交来单位及部门	铁山铁矿收购站		验收仓库	一材料库		入库日期	2020-08-13
编号	名称及规格	单位	数量		实际价格		
			交库	实收	单价	金额	
A001	二级铁矿石	吨	2000	2000	105.00	210000.00	
合计						¥200000.00	

财务经理：　　仓库主管：　　经办人：　　制单人：

财务联

单据 4－3－4－2

中 华 人 民 共 和 国

税收缴款书(税务收现专用)

征收机关代码 123456789

(153)鄂 00025644

登记注册类型： 有限责任公司　　填发日期： 2020年 08月 13日　　税务机关： 武汉市税务局

缴款单位（人）	识别号	9142010678ADK78445				开户银行			
	名称	鑫达有限公司				账号			
收款国库						税款限缴日期			
预算科目			品目名称	课税数量	计税金额或销售收入	税率或单位税额	税款所属时期	已缴或扣除额	实缴金额
编码	名称	级次							
	资源税						20200801-20200831		10000.00
金额合计	（大写）壹万元整								￥10000.00
税务机关（盖章） 填票人		缴款单位（人）（盖章） 经办人		上列款项已核收记入收款单位账户 国库（银行）盖章 陈宁宁 年 月 日			备注		

无银行收讫章无效

第六联（存根）基层税务机关留存，自行开票的，由缴款单位（人）送基层税务机关

逾期不缴按税法规定加收滞纳金　　系统税票号码： 123456789　　妥 善 保 管

印章：武汉市税务局 01号 征税专用章；中国工商银行武昌支行 业务专用章（1）

单据 4－3－4－3

中国工商银行
转账支票存根
50104220
20833561

附加信息

出票日期2020年08月13日

收款人：铁山铁矿收购站

金　额：200000.00

用　途：采购原料

单位主管　　会计

上海金达证券印制有限公司・2012年印制

单据 5－1－1－1

4201174130　　湖北增值税专用发票　　№ 67920723　　4201174130 67920723

抵扣联

校验码 12356 37530 30927 46432　　开票日期： 2019年12月15日

购买方	名称：甲天下纺织有限公司 纳税人识别号：914201020923781 6N1 地址、电话：武汉市江岸区西马街道134号 027-87330653 开户行及账号：中国工商银行江岸支行 6222020015782309826					密码区	-65745<19458<38404817000091 5/37503848*7>234504>-000006 2//5>*8574567-7<8*873000028 <413-3001152-/7142>>8023312	
货物或应税劳务、服务名称	规格型号	单位	数量	单价	金额	税率	税额	
*纺织专业设备*纺织设备		台	1	1200000.00	1200000.00	13%	156000.00	
合计					￥1200000.00		￥156000.00	
价税合计（大写）	⊗壹佰叁拾伍万陆仟元整				（小写）￥1356000.00			
销售方	名称：黄海机械厂 纳税人识别号：914201023568BF3890 地址、电话：武汉市江岸区西马街道78号 027-86530672 开户行及账号：中国工商银行江岸支行 6222020015782305623					备注		

收款人：　　复核：　　开票人：江小凤　　销售方：（章）

第二联：抵扣联 购买方扣税凭证

印章：黄海机械厂 914201023568BF3890 发票专用章

单据 5－1－1－2

4201174130　　**湖北增值税专用发票**　　№ 67920723　　4201174130 67920723

发票联

校验码 12356 37530 30927 46432　　开票日期：2019年12月15日

购买方	名　　称：甲天下纺织有限公司 纳税人识别号：9142010209237816N1 地 址、电 话：武汉市江岸区西马街道134号 027-87330653 开户行及账号：中国工商银行江岸支行 6222020015782309626				密码区	-65745<19458<38404817000091 5/37503848*7>234504>-000006 2//5>*8574567-7<8*873000028 <413-3001152-/7142>>8023312	
货物或应税劳务、服务名称	规格型号	单位	数量	单价	金额	税率	税额
*纺织专业设备*纺织设备		台	1	1200000.00	1200000.00	13%	156000.00
合　计					¥1200000.00		¥156000.00
价税合计（大写）	⊗壹佰叁拾伍万陆仟元整				（小写）¥1356000.00		
销售方	名　　称：黄海机械厂 纳税人识别号：914201023568BF3890 地 址、电 话：武汉市江岸区西马街道78号 027-86530672 开户行及账号：中国工商银行江岸支行 6222020015782305623				备注	黄海机械厂 914201023568BF3890 发票专用章	

收款人：　　复核：　　开票人：江小凤　　销售方：（章）

第三联：发票联　购买方记账凭证

单据 5－1－1－3

中国工商银行
转账支票存根
40604224
25630987

附加信息

出票日期2019年12月15日
收款人：黄海机械厂
金　额：¥1356000.00
用　途：支付设备款
单位主管　　会计

上海金达证券印制有限公司·2012年印制

单据 5－1－1－4

固定资产验收单

2019 年 12 月 15 日

资产编号	023	资产名称	纺织设备	型号规格	
供应商名称	武汉市机械制造厂				
建造日期	2019年12月15日		竣工日期	2019年12月15日	
金额大写	壹佰贰拾万元整		小写	1200000.00	
验收结果	合格		验收日期	2019年12月15日	
采购部门	采购部		资产管理人	罗霖	
使用部门	生产车间		财务审核	刘月娥	
备注：					

单据 5－1－14－1

中华人民共和国
税收缴款书(税务收现专用)

征收机关代码 123456789

(182)鄂 00067629

登记注册类型： 有限责任公司　　填发日期： 2020年 01月 10日　　税务机关： 武汉市税务局

缴款单位（人）	识别号	914201026723009121			开户银行				
	名称	武汉大华天成有限公司			账号				
收款国库					税款限缴日期				
预算科目			品目名称	课税数量	计税金额或销售收入	税率或单位税额	税款所属时期	已缴或扣除额	实缴金额
编码	名称	级次							
	企业所得税						20191201-20191231		100000.00
金额合计	（大写）壹拾万元整								¥100000.00
税务机关（盖章） 填票人		缴款单位（人）（盖章） 经办人		上列款项已核收记入收款单位账户 国库（银行）盖章 周梅 年 月 日				备注	

逾期不缴按税法规定加收滞纳金

系统税票号码： 123456789

无银行收讫章无效

第六联（存根）基层税务机关留存。自行开票的，由缴款单位（人）送基层税务机关妥善保管

单据 5－1－16－1

中华人民共和国
税收缴款书(税务收现专用)

征收机关代码 123456789

(182)鄂 00067630

登记注册类型： 有限责任公司　　填发日期： 2020年 03月 10日　　税务机关： 武汉市税务局

缴款单位（人）	识别号	914201026723009121			开户银行				
	名称	武汉大华天成有限公司			账号				
收款国库					税款限缴日期				
预算科目			品目名称	课税数量	计税金额或销售收入	税率或单位税额	税款所属时期	已缴或扣除额	实缴金额
编码	名称	级次							
	企业所得税						20190101-20191231		125000.00
金额合计	（大写）壹拾贰万伍仟元整								¥125000.00
税务机关（盖章） 填票人		缴款单位（人）（盖章） 经办人		上列款项已核收记入收款单位账户 国库（银行）盖章 周梅 年 月 日				备注	

逾期不缴按税法规定加收滞纳金

系统税票号码： 123456789

无银行收讫章无效

第六联（存根）基层税务机关留存。自行开票的，由缴款单位（人）送基层税务机关妥善保管

单据 6－1－1－1

中国工商银行
转账支票存根
40504224
36509821
附加信息
出票日期2020年01月08日
收款人：祥龙电子有限公司
金　额：¥42638.22
用　途：工资
单位主管　会计
上海金达证券印制有限公司·2012年印制

单据 6－1－2－1

中华人民共和国
税收缴款书(税务收现专用)

征收机关代码 123456789

(153)鄂 00025642

登记注册类型： 有限责任公司　　填发日期： 2020年 02月 11日　　税务机关： 武汉市税务局

缴款单位（人）	识别号	914201066790230981	开户银行	
	名称	祥龙电子有限公司	账号	
收款国库			税款限缴日期	

预算科目 编码	预算科目 名称	预算科目 级次	品目名称	课税数量	计税金额或销售收入	税率或单位税额	税款所属时期	已缴或扣除额	实缴金额
	个人所得税						20200101-20200131		183.78
金额合计	（大写）壹佰捌拾叁元柒角捌分								¥183.78

税务机关（盖章）	缴款单位（人）（盖章）	上列款项已核收记入收款单位账户 国库（银行）盖章	备注
填票人	经办人	周宁 年 月 日	

无银行收讫章无效

第六联（存根）基层税务机关留存。自行开票的，由缴款单位（人）送基层税务机关妥善保管

逾期不缴按税法规定加收滞纳金

系统税票号码： 123456789

（印章：武汉市税务局 征税专用章）
（印章：中国工商银行武昌支行 业务专用章 (1)）

单据 6－1－3－1

中国工商银行
转账支票存根
40504224
36509823

附加信息

出票日期2020 年03 月15 日

收款人：张华

金　额：¥32000.00

用　途：现金股利

单位主管　　会计

单据 6－1－3－2

中国工商银行
转账支票存根
40504224
36509824

附加信息

出票日期2020 年03 月15 日

收款人：李新

金　额：¥32000.00

用　途：现金股利

单位主管　　会计

单据 6－1－3－3

中国工商银行
转账支票存根
40504224
36509825

附加信息

出票日期2020 年03 月15 日

收款人：王车

金　额：¥16000.00

用　途：现金股利

单位主管　　会计

单据 6－1－3－4

现金股利结算单

2020年03月　　　　单位：元

姓名	股份比例	应付股利	代扣个人所得税	实发股利
张华	40%	40000	8000	32000
李新	40%	40000	8000	32000
王车	20%	20000	4000	16000
合计	100%	100000	20000	80000

单据 6－1－4－1

中华人民共和国
税收缴款书(税务收现专用)

征收机关代码 123456789

(153)鄂 00025644

登记注册类型：有限责任公司　　填发日期：2020年 04月 10日　　税务机关：武汉市税务局

缴款单位（人）	识别号	914201066790230981				开户银行			
	名称	祥龙电子有限公司				账号			
收款国库						税款限缴日期			
预算科目			品目名称	课税数量	计税金额或销售收入	税率或单位税额	税款所属时期	已缴或扣除额	实缴金额
编码	名称	级次							
	个人所得税						20200301-20200331		20000.00
金额合计	（大写）贰万元整								¥20000.00
税务机关（盖章） 填票人		缴款单位（人）（盖章） 经办人		上列款项已核收记入收款单位账户 国库（银行）盖章 年 月 日			备注		

无银行收讫章无效

第六联（存根）基层税务机关留存。自行开票的，由缴款单位（人）送基层税务机关妥善保管

逾期不缴按税法规定加收滞纳金

系统税票号码：123456789

（印章：武汉市税务局 征税专用章；中国工商银行武昌支行 业务专用章（1））

单据 6－1－5－1

湖北增值税普通发票

4201174120　　№ 23098217　　4201174120　23098217

开票日期：2020年04月15日

校验码 12397 39713 29871 26539

购买方	名　称：祥龙电子有限公司 纳税人识别号：914201066790230981 地址、电话：武汉市武昌区中华路街道83号 027-81432987 开户行及账号：中国工商银行武昌支行 6222020015812709825				密码区	-65745<19458<38404817000002 5/37503848*7>234504>-000023 2//5>*8574567-7<8*873000007 <413-3001152-/7142>>8023315	
货物或应税劳务、服务名称	规格型号	单位	数量	单价	金额	税率	税额
*设计服务*项目设计费					10000.00	3%	300.00
合计					¥10000.00		¥300.00
价税合计（大写）	⊗壹万零叁佰元整				（小写）¥10300.00		
销售方	名　称：武汉市税务局 纳税人识别号：914201062765112006　（代开机关） 地址、电话：武汉市武昌区中华路街道46号 027-87360925 开户行及账号：中国工商银行武昌支行 6222020015853212128　（完税凭证号）				备注	代开企业税号：3559309197802176761 代开企业名称：李杨	

收款人：　　复核：　　开票人：周芳　　销售方（章）

（印章：武汉市税务局 代开发票专用章（5） 26382000000）

税总函［2015］982号 中国刷钞印制有限公司

第二联：发票联 购买方记账凭证

单据 6－1－5－2

中国工商银行
转账支票存根
40504224
365098826
附加信息
出票日期 2020 年 04 月 15 日
收款人：李杨
金　额：¥8652.00
用　途：项目设计费
单位主管　　会计

上海金达证券印制有限公司·2012 年印制

单据 6－1－6－1

中华人民共和国
税收缴款书（税务收现专用）

征收机关代码 123456789　　　　(153)鄂 00025645

登记注册类型：有限责任公司　　填发日期：2020年 04月 15日　　税务机关：武汉市税务局

缴款单位（人）	识别号	914201066790230981				开户银行				
	名称	祥龙电子有限公司				账号				
收款国库						税款限缴日期				
预算科目			品目名称	课税数量	计税金额或销售收入	税率或单位税额	税款所属时期	已缴或扣除额	实缴金额	
编码	名称	级次								
	个人所得税						20200301-20200331		1648.00	
金额合计	（大写）壹仟陆佰肆拾捌元整								¥1648.00	
税务机关（盖章） 填票人	缴款单位（人）（盖章） 经办人	上列款项已核收记入收款单位账户 国库（银行）盖章 年　月　日				备注				

无银行收讫章无效

第六联（存根）基层税务机关留存，自行开票的，由缴款单位（人）送基层税务机关

逾期不缴按税法规定加收滞纳金　　系统税票号码：123456789　　妥善保管

（印章：武汉市税务局 01号 征税专用章；中国工商银行 业务专用章（1））

单据 7－1－1－1

ICBC 中国工商银行　　进账单（收账通知）3

2018 年 12 月 31 日　　№

出票人	全称		收款人	全称	瑞安达房地产有限公司
	账号			账号	210353345736763362
	开户银行			开户银行	中国工商银行洪山支行
金额	人民币（大写）	肆亿叁仟陆佰万元整		亿千百十万千百十元角分	4 3 6 0 0 0 0 0 0 0 0
票据种类		票据张数			
票据号码					
备注：					
复核：		记账：		收款人开户银行签章	

175*85mm GH060011

此联是收款人开户银行交给收款人的收账通知

（印章：中国工商银行洪山支行 业务专用章（1））

单据 7-1-2-1

中华人民共和国
税收缴款书(税务收现专用)

征收机关代码 123456789

(182)鄂 00025611

登记注册类型： 有限责任公司　　填发日期： 2019年 01月 10日　　税务机关： 武汉市税务局

无银行收讫章无效

缴款单位(人)	识别号	914201116473825432				开户银行			
	名称	瑞安达房地产有限公司				账号			
收款国库						税款限缴日期			
预算科目			品目名称	课税数量	计税金额或销售收入	税率或单位税额	税款所属时期	已缴或扣除额	实缴金额
编码	名称	级次							
	增值税						20181201-20181231		12000000.00
金额合计	(大写) 壹仟贰佰万元整							¥12000000.00	
税务机关 (盖章) 填票人		缴款单位(人) (盖章) 经办人		上列款项已核收记入收款单位账户 国库(银行)盖章 陈一萍 年 月 日			备注		

逾期不缴按税法规定加收滞纳金　　系统税票号码： 123456789　　妥善保管

第六联(存根)基层税务机关留存。自行开票的，由缴款单位(人)送基层税务机关

单据 7-1-3-1

中华人民共和国
税收缴款书(税务收现专用)

征收机关代码 123456789

(182)鄂 00025611

登记注册类型： 有限责任公司　　填发日期： 2019年 01月 10日　　税务机关： 武汉市税务局

无银行收讫章无效

缴款单位(人)	识别号	914201116473825432				开户银行			
	名称	瑞安达房地产有限公司				账号			
收款国库						税款限缴日期			
预算科目			品目名称	课税数量	计税金额或销售收入	税率或单位税额	税款所属时期	已缴或扣除额	实缴金额
编码	名称	级次							
	土地增值税						20181201-20181231		8480000.00
金额合计	(大写) 捌佰肆拾捌万元整							¥8480000.00	
税务机关 (盖章) 填票人		缴款单位(人) (盖章) 经办人		上列款项已核收记入收款单位账户 国库(银行)盖章 年 月 日			备注		

逾期不缴按税法规定加收滞纳金　　系统税票号码： 123456789　　妥善保管

第六联(存根)基层税务机关留存。自行开票的，由缴款单位(人)送基层税务机关

单据 7－1－6－1

中华人民共和国
税收缴款书（税务收现专用）

征收机关代码 123456789

(153)鄂 00026512

登记注册类型：有限责任公司　　填发日期：2020年 01月 10日　　税务机关：武汉市税务局

缴款单位（人）	识别号	914201116473825432	开户银行	
	名称	瑞安达房地产有限公司	账号	
收款国库			税款限缴日期	

预算科目 编码	预算科目 名称	预算科目 级次	品目名称	课税数量	计税金额或销售收入	税率或单位税额	税款所属时期	已缴或扣除额	实缴金额
	土地增值税						20191201-20191231		27388000.00
金额合计	（大写）贰仟柒佰叁拾捌万捌仟元整								¥27388000.00

税务机关（盖章） 填票人	缴款单位（人）（盖章） 经办人	上列款项已核收记入收款单位账户 国库（银行）盖章 年 月 日	备注
武汉市税务局 01号 征税专用章	中国工商银行 业务专用章		

无银行收讫章无效

第六联（存根）基层税务机关留存。自行开票的，由缴款单位（人）送基层税务机关妥善保管

逾期不缴按税法规定加收滞纳金

系统税票号码：123456789

单据 7－1－7－1

4201174130

湖北增值税专用发票

抵扣联

№ 36729001　　4201174130　36729001

校验码 12356 28934 86532 12903　　开票日期：2020年07月06日

购买方	
名称	大华工业有限公司
纳税人识别号	91420102357809091N
地址、电话	武汉市江岸区二七街道43号 027-83667110
开户行及账号	中国工商银行江岸支行 6222020015676709235

密码区：-65745<19458<38404817000006 5/37503848*7>234504>-000287 2//5>*8574567-7<8*873000007 <413-3001152-/7142>>8023312

货物或应税劳务、服务名称	规格型号	单位	数量	单价	金额	税率	税额
*无形资产*土地使用权		平方米	500000	10.00	5000000.00	9%	450000.00
合计					¥5000000.00		¥450000.00
价税合计（大写）	⊗伍佰肆拾伍万元整				（小写）¥5450000.00		

销售方	
名称	大地华润有限公司
纳税人识别号	9142010200923687BA
地址、电话	武汉市江岸区二七街道96号 027-80372671
开户行及账号	中国工商银行江岸支行 6222020015676782397

备注：大地华润有限公司 9142010200923687BA 发票专用章

收款人：　复核：　开票人：刘英　销售方：（章）

第二联：抵扣联 购买方扣税凭证

单据 7－1－7－2

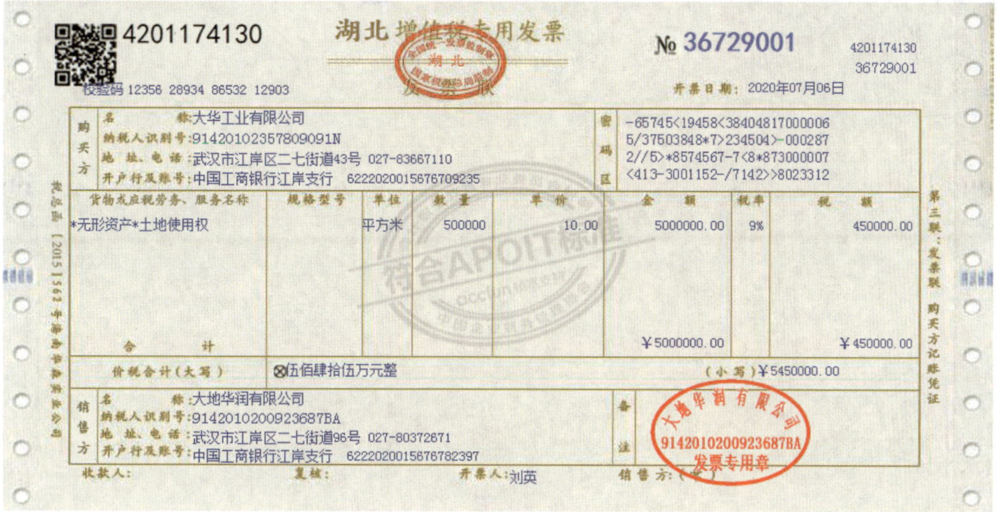

4201174130　湖北增值税专用发票　№ 36729001　4201174130　36729001

校验码 12356 28934 86532 12903　发票联　开票日期：2020年07月06日

购买方	名　　称：大华工业有限公司 纳税人识别号：91420102357809091N 地 址、电 话：武汉市江岸区二七街道43号 027-83667110 开户行及账号：中国工商银行江岸支行 6222020015676709235				密码区	-65745<19458<38404817000006 5/37503848*7>234504>-000287 2//5>*8574567-7<8*873000007 <413-3001152-/7142>>8023312		
货物或应税劳务、服务名称	规格型号	单位	数量	单价	金额	税率	税额	
*无形资产*土地使用权		平方米	500000	10.00	5000000.00	9%	450000.00	
合　计					¥5000000.00		¥450000.00	
价税合计（大写）	⊗伍佰肆拾伍万元整				（小写）¥5450000.00			
销售方	名　　称：大地华润有限公司 纳税人识别号：9142010200923687BA 地 址、电 话：武汉市江岸区二七街道96号 027-80372671 开户行及账号：中国工商银行江岸支行 6222020015676782397				备注	大地华润有限公司 9142010200923687BA 发票专用章		

收款人：　复核：　开票人：刘英　销售方：（章）

第三联：发票联　购买方记账凭证

税总函〔2015〕562号海南华森实业公司

单据 7－1－7－3

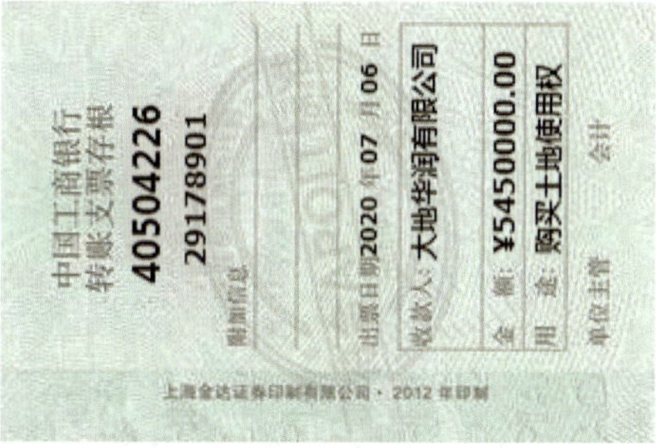

中国工商银行
转账支票存根
40504226
29178901

附加信息

出票日期 2020 年 07 月 06 日

收款人：大地华润有限公司

金　额：¥5450000.00

用　途：购买土地使用权

单位主管　会计

上海金达证券印制有限公司・2012年印制

单据 7－1－8－1

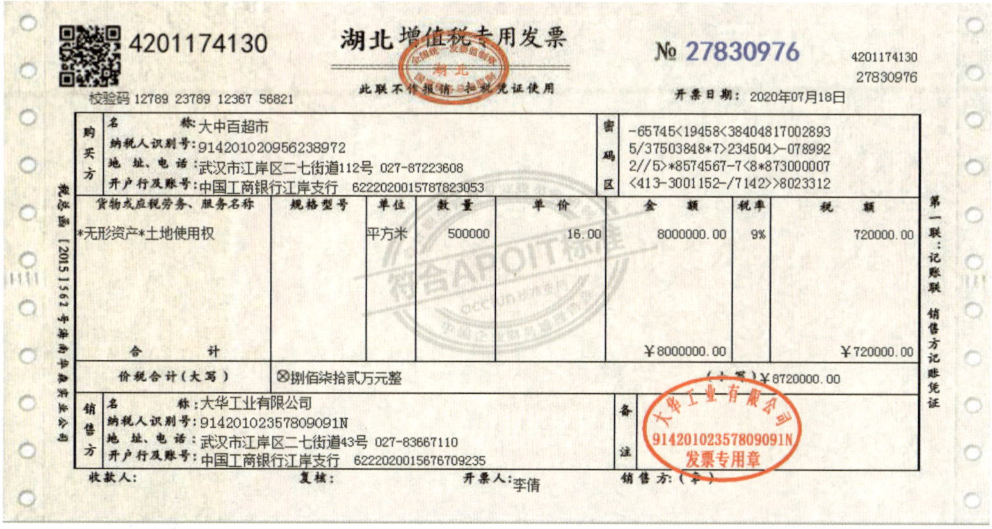

4201174130　湖北增值税专用发票　№ 27830976　4201174130　27830976

校验码 12789 23789 12367 56821　此联不作报销、扣税凭证使用　开票日期：2020年07月18日

购买方	名　　称：大中百超市 纳税人识别号：914201020956238972 地 址、电 话：武汉市江岸区二七街道112号 027-87223608 开户行及账号：中国工商银行江岸支行 6222020015787823053				密码区	-65745<19458<38404817002893 5/37503848*7>234504>-078992 2//5>*8574567-7<8*873000007 <413-3001152-/7142>>8023312		
货物或应税劳务、服务名称	规格型号	单位	数量	单价	金额	税率	税额	
*无形资产*土地使用权		平方米	500000	16.00	8000000.00	9%	720000.00	
合　计					¥8000000.00		¥720000.00	
价税合计（大写）	⊗捌佰柒拾贰万元整				（小写）¥8720000.00			
销售方	名　　称：大华工业有限公司 纳税人识别号：91420102357809091N 地 址、电 话：武汉市江岸区二七街道43号 027-83667110 开户行及账号：中国工商银行江岸支行 6222020015676709235				备注	大华工业有限公司 91420102357809091N 发票专用章		

收款人：　复核：　开票人：李倩　销售方：（章）

第一联：记账联　销售方记账凭证

税总函〔2015〕562号海南华森实业公司

单据 7－1－8－2

ICBC 中国工商银行　　进账单（收账通知） 3

2020 年 07 月 18 日　　№

出票人	全　称	大中百超市	收款人	全　称	大华工业有限公司
	账　号	6222020015787823053		账　号	6222020015676709235
	开户银行	中国工商银行江岸支行		开户银行	中国工商银行江岸支行
金额	人民币（大写）	捌佰柒拾贰万元整		亿千百十万千百十元角分	¥ 8 7 2 0 0 0 0 0 0
票据种类	支票	票据张数	1		
票据号码					
备注：					
	复核：	记账：		收款人开户银行签章	

中国工商银行江岸支行 业务专用章 (1)

此联是收款人开户银行交给收款人的收账通知

175*85mm GH066011

单据 7－1－9－1

中华人民共和国
税收缴款书（税务收现专用）

征收机关代码 123456789　　(182)鄂 00025331

登记注册类型：　有限责任公司　　填发日期：　2020年　08月　10日　　税务机关：　武汉市税务局

缴款单位（人）	识别号	91420102357809091N	开户银行		
	名称	大华工业有限公司	账号		
收款国库			税款限缴日期		

预算科目 编码	预算科目 名称	预算科目 级次	品目名称	课税数量	计税金额或销售收入	税率或单位税额	税款所属时期	已缴或扣除额	实缴金额
	增值税						20200701-20200731		270000.00
金额合计	（大写）人民币贰拾柒万元整								¥270000.00

税务机关（盖章） 填票人	缴款单位（人）（盖章） 经办人	上列款项已核收记入收款单位账户 国库（银行）盖章 年　月　日	备注

武汉市税务局 征税专用章　　中国工商银行江岸支行 业务专用章 (1)

逾期不缴按税法规定加收滞纳金　　系统税票号码：123456789　　妥善保管

无银行收讫章无效

第六联（存根）基层税务机关留存，自行开票的，由缴款单位（人）送基层税务机关

单据 7-1-9-2

中华人民共和国
税收缴款书(税务收现专用)

征收机关代码 123456789

(153)鄂 00025651

登记注册类型：有限责任公司　　填发日期：2020年 08月 10日　　税务机关：武汉市税务局

缴款单位（人）	识别号	91420102357809091N			开户银行				
	名称	大华工业有限公司			账号				
收款国库					税款限缴日期				
预算科目			品目名称	课税数量	计税金额或销售收入	税率或单位税额	税款所属时期	已缴或扣除额	实缴金额
编码	名称	级次							
	城建税						20200701-20200731		18900.00
	教育费附加						20200701-20200731		8100.00
金额合计	（大写）人民币贰万柒仟元整								¥27000.00
税务机关（盖章） 填票人	缴款单位（人）（盖章） 经办人	上列款项已核收记入收款单位账户 国库（银行）盖章 年 月 日					备注		

无银行收讫章无效

逾期不缴按税法规定加收滞纳金

系统税票号码：123456789　　妥善保管

第六联（存根）基层税务机关留存。自行开票的，由缴款单位（人）送基层税务机关

单据 7-1-9-3

中华人民共和国
税收缴款书(税务收现专用)

征收机关代码 123456789

(153)鄂 00025652

登记注册类型：有限责任公司　　填发日期：2020年 08月 10日　　税务机关：武汉市税务局

缴款单位（人）	识别号	91420102357809091N			开户银行				
	名称	大华工业有限公司			账号				
收款国库					税款限缴日期				
预算科目			品目名称	课税数量	计税金额或销售收入	税率或单位税额	税款所属时期	已缴或扣除额	实缴金额
编码	名称	级次							
	印花税						20200701-20200731		4000.00
金额合计	（大写）肆仟元整								¥4000.00
税务机关（盖章） 填票人	缴款单位（人）（盖章） 经办人	上列款项已核收记入收款单位账户 国库（银行）盖章 年 月 日					备注		

无银行收讫章无效

逾期不缴按税法规定加收滞纳金

系统税票号码：123456789　　妥善保管

第六联（存根）基层税务机关留存。自行开票的，由缴款单位（人）送基层税务机关

单据 7-1-9-4

中华人民共和国
税收缴款书(税务收现专用)

征收机关代码 123456789

(153)鄂 00025653

登记注册类型： 有限责任公司　　填发日期： 2020年 08月 10日　　税务机关： 武汉市税务局

缴款单位（人）	识别号	914201023578090091N			开户银行				
	名称	大华工业有限公司			账号				
收款国库					税款限缴日期				
预算科目			品目名称	课税数量	计税金额或销售收入	税率或单位税额	税款所属时期	已缴或扣除额	实缴金额
编码	名称	级次							
	土地增值税						20200701-20200731		936050.00
金额合计	（大写）人民币玖拾叁万陆仟零伍拾元整								¥936050.00
税务机关（盖章）填票人	缴款单位（人）（盖章）经办人		上列款项已核收记入收款单位账户 国库（银行）盖章 年 月 日				备注		

无银行收讫章无效

第六联（存根）基层税务机关留存。自行开票的，由缴款单位（人）送基层税务机关妥善保管

逾期不缴按税法规定加收滞纳金

系统税票号码： 123456789

单据 7-3-2-1

中华人民共和国
税收缴款书(税务收现专用)

征收机关代码 123456789

(153)鄂 00025681

登记注册类型： 有限责任公司　　填发日期： 2020年 10月 10日　　税务机关： 武汉市税务局

缴款单位（人）	识别号	914201066723309013			开户银行				
	名称	祥龙电子有限公司			账号				
收款国库					税款限缴日期				
预算科目			品目名称	课税数量	计税金额或销售收入	税率或单位税额	税款所属时期	已缴或扣除额	实缴金额
编码	名称	级次							
	房产税						20200401-20200930		630000.00
金额合计	（大写）陆拾叁万元整								¥630000.00
税务机关（盖章）填票人	缴款单位（人）（盖章）经办人		上列款项已核收记入收款单位账户 国库（银行）盖章 年 月 日				备注		

无银行收讫章无效

第六联（存根）基层税务机关留存。自行开票的，由缴款单位（人）送基层税务机关妥善保管

逾期不缴按税法规定加收滞纳金

系统税票号码： 123456789

单据 7－3－3－1

4201174130　　**湖北增值税专用发票**　　№ 39023842　　4201174130　39023842

此联不作报销、扣税凭证使用

校验码 12378 23965 73281 19823　　开票日期：2019年12月05日

购买方	名　　称：广州市天伦电子贸易公司 纳税人识别号：914401003678902309 地 址、电 话：广州市白云区石井街道67号　020-67820923 开户行及账号：中国工商银行白云支行　6222020017080835219			密码区	-65745<19458<38404817000230 5/37503848*7>234504>-008923 2//5>*8574567-7<8*873000007 <413-3001152-/7142>>8023329		
货物或应税劳务、服务名称	规格型号	单位	数量	单价	金额	税率	税额
*租赁服务*不动产租赁					100000.00	9%	9000.00
合　　计					¥100000.00		¥10000.00
价税合计（大写）	⊗壹拾万零玖仟元整				（小写）¥109000.00		
销售方	名　　称：祥龙电子有限公司 纳税人识别号：914201066790230981 地 址、电 话：武汉市武昌区中华路街道83号　027-81432987 开户行及账号：中国工商银行武昌支行　6222020015812709825			备注	仓库地址：武汉市武昌区中华路街道66号		

收款人：　　复核：　　开票人：李燕　　销售方：（章）

税总函〔2015〕562号海南华森实业公司

第一联：记账联　销售方记账凭证

（印章：祥龙电子有限公司 914201066790230981 发票专用章）

单据 7－3－3－2

ICBC 中国工商银行　　进账单（收账通知）3

2019 年 12 月05 日　　№

出票人	全　称	广州市天伦电子贸易公司	收款人	全　称	祥龙电子有限公司
	账　号	6222020017080835219		账　号	6222020015812709825
	开户银行	中国工商银行白云支行		开户银行	中国工商银行武昌支行
金额	人民币（大写）	壹拾万零玖仟元整			
票据种类	支票	票据张数 1			
票据号码					
备注：		复核：　记账：		收款人开户银行签章	

亿	千	百	十	万	千	百	十	元	角	分
		¥	1	0	9	0	0	0	0	0

（印章：中国工商银行武昌支行 业务专用章 （1））

此联是收款人开户银行交给收款人的收账通知

175×85mm GH066011

单据 7－4－1－1

收　款　收　据　　NO. 6527811

2020 年11 月05 日

今收到：广州市天伦电子贸易公司交来的房屋押金。

金额（大写）：壹拾 贰万 零仟 零佰 零拾 零元 零角 零分

¥ 120,000.00　　☐现金　☑支票　☐信用卡　☐其他　　收款单位（盖章）

核准　　会计　　记账　　出纳 李冬　　经手人 周丽

第三联会计联

（印章：祥龙电子有限公司 财务专用章）

单据 7－4－1－2

ICBC 中国工商银行　　进账单（收账通知） 3

2020 年 11 月 05 日　　№

出票人	全　　称	广州市天伦电子贸易公司	收款人	全　　称	祥龙电子有限公司
	账　　号	6222020017080835219		账　　号	6222020015812709825
	开户银行	中国工商银行白云支行		开户银行	中国工商银行武昌支行

		亿	千	百	十	万	千	百	十	元	角	分
金额	人民币（大写） 壹拾捌万伍仟肆佰元整			¥	1	8	5	4	0	0	0	0

票据种类	支票	票据张数	1
票据号码			

备注：

复核：　　记账：

中国工商银行武昌支行 业务专用章 (1)

收款人开户银行签章

此联是收款人开户银行交给收款人的收账通知

175*85mm GH066011

单据 7－4－1－3

4201174130　　湖北增值税专用发票　　№ 39023843　　4201174130 39023843

此联不作报销、扣税凭证使用

校验码 12389 23768 23073 67339　　开票日期：2020年11月05日

购买方	名　　称：广州市天伦电子贸易公司 纳税人识别号：914401003678902309 地 址、电 话：广州市白云区石井街道67号 020-67820923 开户行及账号：中国工商银行白云支行 6222020017080835219	密码区	-65745<19458<38404817006799 5/37503848*7>234504>-002571 2//5>*8574567-7<8*873000790 <413-3001152-/7142>>8023312

货物或应税劳务、服务名称	规格型号	单位	数量	单价	金额	税率	税额
*租赁服务*不动产租赁					60000.00	9%	5400.00
合　　计					¥60000.00		¥5400.00
价税合计（大写）	⊗陆万伍仟肆佰元整				（小写）¥65400.00		

销售方	名　　称：祥龙电子有限公司 纳税人识别号：914201066790230981 地 址、电 话：武汉市武昌区中华路街道83号 027-81432987 开户行及账号：中国工商银行武昌支行 6222020015812709825	备注	仓库地址：武汉市武昌区中华路街道67号

收款人：　　复核：　　开票人：李燕　　销售方：（章）

祥龙电子有限公司 914201066790230981 发票专用章

税总函［2015］562号海南华森实业公司

第一联：记账联 销售方记账凭证

单据 7－5－2－1

中华人民共和国

税收缴款书(税务收现专用)

征收机关代码 123456789

(153)鄂 00025723

登记注册类型：有限责任公司　　填发日期：2021年 01月 10日　　税务机关：武汉市武昌区地方税务局

缴款单位（人）	识别号	914201067834090923				开户银行			
	名称	祥龙电子有限公司				账号			
收款国库						税款限缴日期			
预算科目			品目名称	课税数量	计税金额或销售收入	税率或单位税额	税款所属时期	已缴或扣除额	实缴金额
编码	名称	级次							
	城镇土地使用税						20200101-2020		918400.00
金额合计	（大写）玖拾壹万捌仟肆佰元整								¥918400.00

税务机关（盖章） 填票人	缴款单位（人）（盖章） 经办人	上列款项已核收记入收款单位账户 国库（银行）盖章 年　月　日	备注

逾期不缴按税法规定加收滞纳金

系统税票号码：123456789

妥善保管

无银行收讫章无效

第六联（存根）基层税务机关留存，自行开票的，由缴款单位（人）送基层税务机关

单据 7－6－1－1

4201174130　　湖北增值税专用发票　　№ 09127832

4201174130
09127832

抵扣联

校验码 12397 27931 89236 10843　　开票日期：2019年11月13日

购买方	名称：祥龙电子有限公司 纳税人识别号：914201066790230981 地址、电话：武汉市武昌区中华路街道83号 027-81432987 开户行及账号：中国工商银行武昌支行 6222020015812709825				密码区	-65745<19458<38404817002378 5/37503848*7>234504>-000006 2//5>*8574567-7<8*873000349 <413-3001152-/7142>>8023311	
货物或应税劳务、服务名称	规格型号	单位	数量	单价	金额	税率	税额
*不动产*房屋（武汉市武昌不动产权第092377号）		平方米	500	16000.00	8000000.00	9%	720000.00
合计					¥8000000.00		¥720000.00
价税合计（大写）	⊗捌佰柒拾贰万元整				（小写）¥8720000.00		
销售方	名称：万科地产公司 纳税人识别号：9142010609234DF812 地址、电话：武汉市武昌区中华路街道115号 027-86340924 开户行及账号：中国工商银行武昌支行 6222020015267026719				备注	地址：武汉市武昌区中华路街道239号	

收款人：　　复核：　　开票人：方清雯　　销售方：（章）

第二联：抵扣联　购买方扣税凭证

单据 7－6－1－2

湖北增值税专用发票

（全国统一发票监制章 湖北 国家税务总局监制）

发票联

4201174130　　　　No 09127832　　　　4201174130 09127832

校验码 12397 27931 89236 10843　　　　开票日期：2019年11月13日

购买方	名　　称：祥龙电子有限公司 纳税人识别号：914201066790230981 地址、电话：武汉市武昌区中华路街道83号 027-81432987 开户行及账号：中国工商银行武昌支行 6222020015812709825	密码区	-65745<19458<38404817002378 5/37503848*7>234504>-000006 2//5>*8574567-7<8*873000349 <413-3001152-/7142>>8023311

货物或应税劳务、服务名称	规格型号	单位	数量	单价	金额	税率	税额
*不动产*房屋（武汉市武昌不动产权第092377号）		平方米	500	16000.00	8000000.00	9%	720000.00
合　　计					¥8000000.00		¥720000.00
价税合计（大写）	⊗捌佰柒拾贰万元整				（小写）¥8720000.00		

销售方	名　　称：万科地产公司 纳税人识别号：9142010609234DF812 地址、电话：武汉市武昌区中华路街道115号 027-86340924 开户行及账号：中国工商银行武昌支行 6222020015267026719	备注	地址：武汉市武昌区中华路街道239号 （万科地产公司 9142010609234DF812 发票专用章）

收款人：　　　复核：　　　开票人：方清雯　　　销售方：（章）

税总函〔2015〕562号 华南印务有限公司

第三联：发票联 购买方记账凭证

单据 7－7－2－1

中华人民共和国
税收缴款书（税务收现专用）

征收机关代码 123456789

(153)额 00067231

登记注册类型：有限责任公司　　　填发日期：2021年 01月 15日　　　税务机关：武汉市税务局

缴款单位（人）	识别号	91420106892323091N	开户银行	地税
	名称	祥龙电子有限公司	账号	
收款国库			税款限缴日期	

预算科目			品目名称	课税数量	计税金额或销售收入	税率或单位税额	税款所属时期	已缴或扣除额	实缴金额
编码	名称	级次							
	车船税						20200101-20201231		1700.00
金额合计	（大写）壹仟柒佰元整								¥1700.00

税务机关（盖章） 填票人 （武汉市税务局 征01号 征税专用章）	缴款单位（人）（盖章） 经办人 （中国工商银行洪山支行 业务专用章（1））	上列款项已核收记入收款单位账户 国库（银行）盖章 年　月　日	备注

逾期不缴按税法规定加收滞纳金　　　系统税票号码：123456789　　　妥善保管

无银行收讫章无效

第六联（存根）基层税务机关留存。自行开票的，由缴款单位（人）送基层税务机关

单据 7-8-1-1

机动车销售统一发票
发票联

发票代码 2309255670
发票号码 23490111

开票日期 2019年07月05日

机打代码	2309255670	税控码	6*12325<19458<3842321+>-218/89070*2348 56/37767748*7>+>-2//5384116+>9070*2008 >*8345679-7<8*873/+<4>7123-+<70*234878 13-3243652-/>7142-19+873/45-/>84114657 12-3232392-/>5642-19+873/05-/>23323232		
机打号码	23490111				
机器编号					
购货单位（人）	祥龙电子有限公司	身份证号码/组织机构代码	914201066790230981		
车辆类型	中型客车	厂牌型号		产地	广州
合格证号		进口证明书号		商检单号	
发动机号码		车辆识别代号/车架号码			
价税合计	⊗壹拾壹万叁仟元整			小写	￥113000.00
销货单位名称	大雅汽车有限公司			电话	027-83172265
纳税人识别号	914201062830982711			帐号	6222020015289126723
地址	武汉市武昌区中华路街道97号	开户银行	中国工商银行武昌支行		
增值税税率或征收率	13%	增值税税额	13000.00	主管税务机关及代码	
不含税价	小写 100000.00			吨位	

销货单位盖章　　开票人 毛琳　　备注：一车一票

上海安能股份有限公司2009年08月印50000份（6联）号码起讫00050001-00100000

第一联 发票联（购货单位付款凭证）（手开无效）

单据 7-8-1-2

机动车销售统一发票
抵扣联

发票代码 2309255670
发票号码 23490111

开票日期 2019年07月05日

机打代码	2309255670	税控码	6*12325<19458<3842321+>-218/89070*2348 56/37767748*7>+>-2//5384116+>9070*2008 >*8345679-7<8*873/+<4>7123-+<70*234878 13-3243652-/>7142-19+873/45-/>84114657 12-3232392-/>5642-19+873/05-/>23323232		
机打号码	23490111				
机器编号					
购货单位（人）	祥龙电子有限公司	身份证号码/组织机构代码	914201066790230981		
车辆类型	中型客车	厂牌型号		产地	广州
合格证号		进口证明书号		商检单号	
发动机号码		车辆识别代号/车架号码			
价税合计	⊗壹拾壹万叁仟元整			小写	￥113000.00
销货单位名称	大雅汽车有限公司			电话	027-83172265
纳税人识别号	914201062830982711			帐号	6222020015289126723
地址	武汉市武昌区中华路街道97号	开户银行	中国工商银行武昌支行		
增值税税率或征收率	13%	增值税税额	13000.00	主管税务机关及代码	
不含税价	小写 100000.00			吨位	

销货单位盖章　　开票人 毛琳　　备注：一车一票

上海安能股份有限公司2009年08月印50000份（6联）号码起讫00050001-00100000

第二联 抵扣联（购货单位扣税凭证）（手开无效）

单据 7－8－1－3

机动车销售统一发票

发票联

发票代码 2309255670
发票号码 23490112

开票日期 2019年07月05日

机打代码	2309255670	税控码	6*12325<19458<3842321+>-218/89070*2311 56/37767748*7>+>-2//5384116+>9070*2902 >*8345679-7<8*873/+<4>7123-+<70*234878 13-3243652-/>7142-19+873/45-/>84114690 12-3232392-/>5642-19+873/05-/>23323221		
机打号码	23490112				
机器编号					
购货单位（人）	祥龙电子有限公司	身份证号码/组织机构代码	914201066790230981		
车辆类型	大型客车	厂牌型号		产地	广州
合格证号		进口证明书号		商检单号	
发动机号码		车辆识别代号/车架号码			
价税合计	⊗肆拾伍万贰仟元整		小写 ¥452000.00		
销货单位名称	大雅汽车有限公司			电话	027-83172265
纳税人识别号	914201062830982711			帐号	6222020015289126723
地址	武汉市武昌区中华路街道97号	开户银行	中国工商银行武昌支行		
增值税税率或征收率	13%	增值税税额	52000.00	主管税务机关及代码	
不含税价	小写 400000.00	吨位		限乘人数	

销货单位盖章　　开票人 毛琳　　备注：一车一票

（印章：大雅汽车有限公司 914201062830982711 发票专用章）

上海安敏股份有限公司2009年08月印50000份（6联）号码起讫00050001-00100000

第一联 发票联（购货单位付款凭证）（手开无效）

单据 7－8－1－4

机动车销售统一发票

抵扣联

发票代码 2309255670
发票号码 23490112

开票日期 2019年07月05日

机打代码	2309255670	税控码	6*12325<19458<3842321+>-218/89070*2311 56/37767748*7>+>-2//5384116+>9070*2902 >*8345679-7<8*873/+<4>7123-+<70*234878 13-3243652-/>7142-19+873/45-/>84114690 12-3232392-/>5642-19+873/05-/>23323221		
机打号码	23490112				
机器编号					
购货单位（人）	祥龙电子有限公司	身份证号码/组织机构代码	914201066790230981		
车辆类型	大型客车	厂牌型号		产地	广州
合格证号		进口证明书号		商检单号	
发动机号码		车辆识别代号/车架号码			
价税合计	⊗肆拾伍万贰仟元整		小写 ¥452000.00		
销货单位名称	大雅汽车有限公司			电话	027-83172265
纳税人识别号	914201062830982711			帐号	6222020015289126723
地址	武汉市武昌区中华路街道97号	开户银行	中国工商银行武昌支行		
增值税税率或征收率	13%	增值税税额	52000.00	主管税务机关及代码	
不含税价	小写 400000.00	吨位		限乘人数	

销货单位盖章　　开票人 毛琳　　一车一票

（印章：大雅汽车有限公司 914201062830982711 发票专用章）

上海安敏股份有限公司2009年08月印50000份（6联）号码起讫00050001-00100000

第二联 抵扣联（购货单位扣税凭证）（手开无效）

单据 7－9－1－1

中华人民共和国
印花税票销售凭证

填发日期：2020 年 12 月 08 日

购买单位	大华房地产公司			购买人	张理财
购买印花税票					
面值种类	数量	金额	面值种类	数量	金额
壹角票			伍元票	7	35.00
贰角票			拾元票	1	10.00
伍角票			伍拾元票	1	50.00
壹元票	1	1.00	壹佰元票	1	100.00
贰元票	2	4.00	总计	13	200.00
金额合计	人民币（大写）	贰佰元整			
销售单位（盖章）		售票人（章）	备注		

（印花税票应贴于账簿扉页的右上角并划斜线注销）

第二联 购买单位记账

票据专用章　陈青印　现金付讫

单据 7－9－2－1

印花税纳税申报表

纳税人识别号：91420102892308634N

纳税人名称				大华房地产开发公司						
税款所属时间	2020 年 12 月 01 日至 2020 年 12 月 31 日									
填表时间：2021 年 01 月 10 日										金额单位:元（列至角分）
应税凭证名称	件数	计税金额	适用税率	应纳税额	已纳税额	应补（退）税额	购花贴花情况			
							上期结存	本期购进	本期贴花	本期结存
1	2	3	4	5=2×4或3×4	6	7=5-6	8	9	10	11=8+9-10
产权转移书据		40,000,000.00	0.5‰	20,000.00		20,000.00				
合计				--						

如纳税人填报，由纳税人填写以下各栏		如委托代理人填报，由代理人填写以下各栏				备注
会计主管（签章）	纳税人（公章）	代理人名称		代理人（公章）		
		代理人地址				
		代理人姓名		代理人电话		
以下由税务机关填写						
收到申报表日期		接收人				

大华房地产开发公司

单据 7－9－2－2

中华人民共和国
税收缴款书（税务收现专用）

征收机关代码 123456789

(153)鄂 00025671

登记注册类型： 有限责任公司　　　填发日期： 2021年 01月 10日　　　税务机关： 武汉市税务局

缴款单位（人）	识别号	91420102892308634N	开户银行	
	名称	大华房地产开发公司	账号	
收款国库			税款限缴日期	

预算科目			品目名称	课税数量	计税金额或销售收入	税率或单位税额	税款所属时期	已缴或扣除额	实缴金额
编码	名称	级次							
	印花税						20201201-20201231		20000.00
金额合计	（大写）贰万元整								¥20000.00

税务机关（盖章）填票人	缴款单位（人）（盖章）经办人	上列款项已核收记入收款单位账户 国库（银行）盖章 年 月 日	备注

无银行收讫章无效

第六联（存根）基层税务机关留存。自行开票的，由缴款单位（人）送基层税务机关妥善保管

逾期不缴按税法规定加收滞纳金　　　系统税票号码：

学问通
xuewent.com

专业 创新 仿真

实训教材配套账号
（学问通实训平台）使用说明

第一步：注册

登录学问通实训平台（www.xuewent.com），点击“登录/注册”，进入新用户注册页面， 输入手机号，获取验证码，按要求输入其他信息，完成注册。

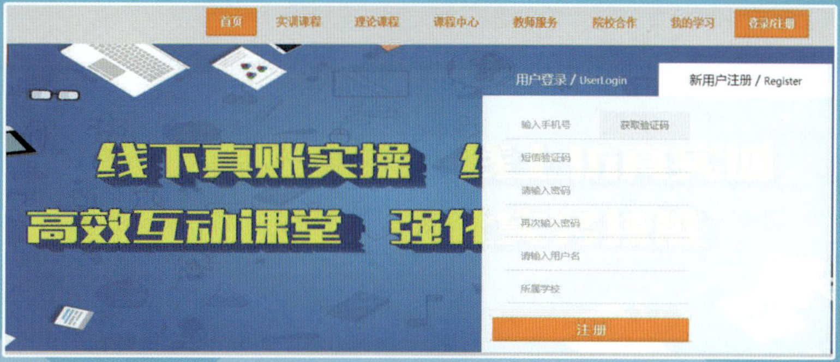

第二步：登录及激活课程

输入用户名和密码登录后，依次点击“我的学习”→“课程卡激活”，刮开实训教材封底的刮刮卡，输入课程激活码，激活相应课程。

第三步：选择已激活的课程，开始学习

激活课程后，可在“我的课程”界面查看，选择相应课程后点击“进入学习”。

说明：本使用说明以税务会计实训课程为例，其他课程的操作与此相同。

实训教材配套账号（学问通实训平台）使用说明

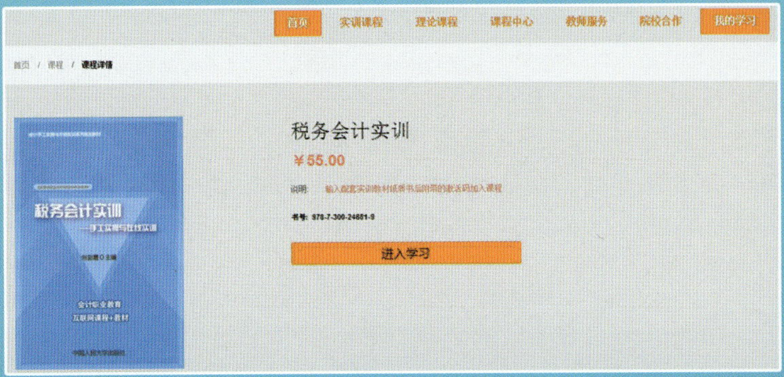

第四步：进入课程目录界面

进入课程目录界面后，点击“课件视频”观看讲解视频，点击“开始学习”进入实训。

第五步：进入课程实训界面

进入课程实训界面后，根据任务说明和背景单据，完成相应的实训。

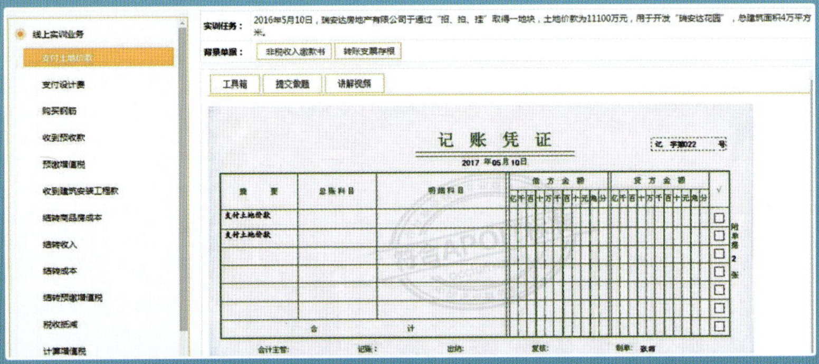